I0820929

Algo más que compañía

ALBA CIORDIA

@albayclaire

Algo más que compañía

Rocaeditorial

Primera edición: abril de 2025
Primera reimpresión: abril de 2025

Travessera de Gràcia, 47-49. 08021 Barcelona
Imagen de portadillas: © Shutterstock

Printed in Spain – Impreso en España

ISBN: 978-84-10442-03-0
Depósito legal: B-2737-2025

Compuesto en Grafime, S. L.

Impreso en Black Print CPI Ibérica
Sant Andreu de la Barca (Barcelona)

RE 42030

A mi perrita Claire, por ser mi mayor maestra
y haberme ayudado a reconstruir mi corazón

Índice

Prólogo

Escribir este libro no ha sido un proceso fácil. Durante años, he sentido que esta historia merecía ser contada, pero no encontraba la forma, ni las palabras, ni la valentía suficiente para hacerlo. Había algo dentro de mí que me decía que aún no era el momento, que antes debía recorrer un camino más largo, entender algunas cosas y, sobre todo, sanar otras. Ahora, por fin, siento que estoy preparada.

Si estás aquí, quizá sea porque tú también has sentido, en algún momento, que hay episodios de tu vida que te cuesta aceptar. Tal vez has experimentado la pérdida, el dolor, la soledad o la sensación de que el mundo sigue girando mientras tú intentas recomponerte. Tal vez has buscado respuestas en lugares o personas donde nunca las encontraste, o te has sentido atrapado en una realidad que no elegiste. O quizá simplemente sientes que hay algo en tu interior que pide ser escuchado.

Este libro nace del vacío y del amor. De la ausencia y del aprendizaje. De la necesidad de comprenderme y de entender cómo lo que nos rompe también puede transformarnos. Es el resultado de años de preguntas sin respuesta, de lágrimas que nunca fueron vistas, de silencios que pesaban demasiado y, sobre todo, de una búsqueda incesante por darle sentido a mi todo.

Perder a mi madre cuando era una niña marcó un antes y un después en mi vida. A partir de ese momento, aprendí a ver el mundo desde una perspectiva diferente, a construir mecanismos de defensa para sobrevivir y a encontrar refugios en lugares donde nadie más los veía. Pero también fue el inicio de un camino de descubrimiento que, aunque lleno de dolor, me llevó a comprender la verdadera esencia del amor, la resiliencia y la conexión con los demás.

Y, entre todas esas sombras, apareció la luz de los perros.

Ellos han sido mi hilo conductor, el puente entre mi pasado y mi presente, entre el dolor y la sanación. A lo largo de estos años, mi perrita Claire ha sido mi mayor maestra, mostrándome sin palabras lo que significa el amor incondicional, la presencia en el aquí y ahora, y la capacidad infinita de dar sin esperar nada a cambio. Me ha enseñado a abrazar mi sensibilidad en lugar de ocultarla, a permitirme sentir en vez de reprimir, a abrir el corazón en lugar de seguir construyendo barreras.

Este libro es mi historia, sí, pero también puede ser la tuya. No porque hayamos vivido exactamente lo mismo, sino porque el dolor, la pérdida, la búsqueda de sentido y la necesidad de amor son universales. Si en algún momento de tu vida te has sentido roto, perdido o desconectado, quiero que este libro sea un lugar en el que puedas reconocerte.

Aquí no encontrarás fórmulas mágicas ni soluciones instantáneas. No te diré que todo pasa por algo o que el tiempo lo cura todo, porque sé que hay heridas que no desaparecen, solo aprendemos a vivir con ellas. Pero sí quiero ofrecerte algo: compañía.

Quiero que, a medida que leas estas páginas, sientas que no estás solo. Que hay otras personas que han caminado senderos similares al tuyo y que, de alguna forma, hemos encontrado maneras de seguir adelante. Que dentro de ti hay una fortaleza que quizá aún no has descubierto, pero que está ahí, esperando a que le des espacio.

Si algo he aprendido en este camino es que la vida nos habla de muchas maneras. A veces, a través del dolor. Otras, a través de encuentros inesperados. Y en muchas ocasiones, a través de los animales, que con su pureza y amor nos recuerdan lo que realmente importa.

Así que aquí estoy, compartiendo mi historia contigo con

la esperanza de que, de alguna manera, pueda ayudarte a mirar la tuya con otros ojos. Si este libro consigue acompañarte en un momento difícil, inspirarte a seguir adelante o simplemente recordarte que no estás solo, entonces habrá cumplido su propósito.

Gracias por estar aquí. Y gracias, sobre todo, por permitirte sentir.

1

Febrero de 1995

Mi padre me contó que mi madre había muerto un día de febrero de 1995. Estábamos en el sofá, y yo no entendía nada. Solo podía repetir en mi cabeza una y otra vez: «¿Por qué? ¿Por qué? ¿Por qué?». Aquel momento lo cambió todo, aunque aún no sabía cuánto.

Vivíamos en un quinto piso sin ascensor, y todavía puedo recordar a la perfección la casa y su distribución, así como mis pulsaciones a mil por hora cada vez que bajaba y subía a toda velocidad cinco pisos de escaleras una y otra vez. Por algún motivo, siempre se me ocurría alguna idea ingeniosa mientras jugaba en la calle con mis vecinas y eso hacía que tuviera que volver a casa rápidamente para coger lo que fuera que necesitaba en ese momento para nuestra aventura.

Mi abuela materna se llamaba Isabel y vivía en el segundo piso, así que podía decirse que tenía dos casas y siempre estaba de una a otra, incluso algunas noches dormía en casa de mi abuela, pero de madrugada, me despertaba angustiada porque quería estar con mis padres. Mi abuela, que era cómplice de todos mis procesos, me decía en voz baja:

—Vale, pero tenemos que entrar sin hacer nada de ruido. Yo te abro la puerta en silencio y tú entras en casa muy despacio sin que se te escuche y te metes directa en la cama.

Yo asentía y con mi pijama puesto emprendíamos la incursión nocturna al quinto piso.

El piso no era muy grande, tres habitaciones y un baño. Era muy soleado. En Madrid los cielos se caracterizan por ese azul increíblemente intenso y en aquellos años, donde todavía no había tanta contaminación, brillaba aún con más fuerza. La terraza, en proporción con el resto de la casa, era bastante grande y se había convertido en mi segundo espacio de juegos. Allí era donde llevaba a los gusanos de seda que me regalaba alguno de mis compis del colegio. Verlos crecer y cambiar su forma por completo me impresionaba enormemente. Una vez que se habían convertido en mariposa, los dejaba volar, libres y fuertes.

Desde niña siempre me han fascinado los animales. Me llamaba la atención su aspecto, sus colores, la manera en que se movían y se relacionaban con el mundo. Ver a los gusanos de seda convertirse en mariposas me parecía un acto mágico, una prueba de la transformación constante de la vida.

Recuerdo que mi padre siempre ha dicho que en el parque solía verme jugando con los pequeños insectos que encontraba, hormigas, mariquitas, bichos bola..., así como con arena y plantas. Este recuerdo, aparentemente anecdótico, empezó a dar sentido a gran parte de mi existencia hace pocos años y me mostró una información muy valiosa sobre uno de mis propósitos vitales.

Es curioso cómo de alguna manera, desde una temprana edad, ya se pueden percibir las inclinaciones o talentos; lo complicado en realidad es tener una buena «guía» que nos ayude a sacar a la luz nuestro máximo potencial. Sobre todo, porque, conforme empiezan a pasar los años, el entorno suele acabar confundiendo más que ayudando, lo que hace que inevitablemente en la adultez tengamos que hacer una retrospectiva para recuperar parte de nuestra esencia.

Hasta los cinco años, experimentamos la época más pura que podemos tener, durante la cual, si observamos con atención, se empiezan a dejar ver nuestros gustos, habilidades y dones. Como niños, evidentemente no somos conscientes de todo esto y tampoco nos preocupa. Existimos sin más, fluimos con la vida y, salvo excepciones, todo suele ser armonía. Algo similar ocurre con los animales.

En esos primeros años somos realmente libres y lo curioso

es que, con el tiempo, como adultos, muchos de los que trabajamos en nuestro desarrollo personal intentamos desesperadamente volver a conectar con esos primeros instantes porque nos damos cuenta de que hemos vivido en un autoengaño todos estos años, escondiéndonos tras una máscara que hemos construido cuidadosamente para desenvolvernos en el mundo y protegernos de él y de nosotros mismos. Hemos creado un personaje hasta el último detalle basándonos en lo que consideramos que se espera de nosotros o incluso en aquellos adjetivos que han utilizado para definirnos. En mi caso, algunos de ellos solían ser «qué niña más buena», «qué lista es», «siempre saca buenas notas»... Estas afirmaciones, aparentemente positivas, fueron creando un poso en mi inconsciente. Parecen inofensivas, pero todos estos discursos externos nos condicionan, ¿y si en el fondo yo no soy tan buena?, ¿qué es ser buena?, ¿y si algún día hago algo mal?, ¿y si no soy tan lista como creen?

En esos primeros años de vida, la conexión con lo que nos rodea y con el cosmos es infinita. Yo en aquella época tenía otro nombre: me había bautizado a mí misma como Estefanía y con total contundencia afirmaba que era un hada que vivía en una flor y que mi mundo coexistía con el de los humanos, solo que mucha gente no era capaz de verlo.

¿De dónde lo saqué? Ni idea, simplemente era una certeza en mi interior que no cuestionaba ni etiquetaba como buena, mala, real o inventada. Al fin y al cabo, **hay millones de cosas que no podemos ver o percibir con nuestros cinco sentidos, y eso no quiere decir que no existan**, simplemente significa que están en otro plano o que nosotros, desde el estado de consciencia actual, no somos capaces de conectar con ellas en este momento. En cierto modo, esa identidad paralela como hada del bosque parecía tener ya una especie de vínculo con los animales.

Hasta esa edad, siempre había sido muy risueña, sonriente y había tenido una imaginación desbordante. Mis fotos de esa época rebosaban vitalidad, entusiasmo, amor y ganas de vivir. Era una niña muy pequeñita, de hecho, mi estatura llamaba mucho la atención porque estaba casi al límite por debajo en el percentil de la época comparado con el resto de las niñas de mi edad. En las fotos del anuario se me reconoce rápidamente porque soy la única que está de puntillas. Tenía el pelo castaño con reflejos dorados, ojos marrones, pequeños y un poco achinados, unas manos y pies diminutos y una nariz pequeñita como una bolita, similar a la de un ratón. Mi abuela paterna me llamaba «la chata» porque decía que no tenía tabique. Todo el conjunto, unido a mi interés por aprender, era irresistible para mis profesoras del colegio, y yo podía notar su cariño.

Los problemas comienzan a aparecer después, ¿no creéis? Después de esos primeros años, cuando todos los condicionamientos externos de profesores, familia y entorno empiezan a hacernos dudar de eso que hasta ahora fluía de manera tan natural en nosotros. Al menos, en mi caso, este fue un punto de inflexión y lo reconozco rápidamente al observar mis fotos de esa época, antes de los cinco años y después. El cambio es enorme. Esa luz en la mirada, esa sensación de confianza y entrega a la vida va poco a poco apagándose conforme pasan los años. Pero está ahí, sigue en el interior. A veces, aparece tímidamente en algunos momentos o con algunas personas, los ojos brillan de nuevo y, por un instante, todo tiene sentido.

Ejercicio de reflexión

Te invito a que hagas lo mismo que estoy haciendo yo: rememora. Busca fotos de esa época y habla con tu yo del pasado, imagina que te sientas a su lado e intenta conectar con lo que sentías en esa época. Anota las sensaciones y pensamientos que te vengan a la cabeza, rápido, sin procesarlo. Luego, intenta describir cómo era ese niño/a, escribe varios adjetivos, no hace falta que sean frases muy largas. Lee tus notas y reflexiona sobre qué características consideras que siguen estando presente en tu vida y cuáles no. Ahora nos centraremos en estas últimas: ¿qué crees que ha cambiado?, ¿hay algunas de esas características que te gustaría recuperar?, ¿qué te impide hacerlo?

Esa conexión con la vida y su belleza de mi Alba niña se tornó más dolorosa cuando la enfermedad de mamá empezó a oscurecer nuestra cotidianidad. De repente, la armonía de esos años de inocencia quedó interrumpida.

Mi madre llevaba varios meses enferma y yo no entendía muy bien lo que ocurría. Las últimas semanas había estado prácticamente en cama y la evolución había sido muy rápida. Un día trajeron una silla de ruedas porque ya estaba muy débil y empezó a tener dificultades con el habla.

Ella siempre había sido una mujer guapísima, coqueta y con mucho estilo. De las que llaman la atención allí por donde pasan. Además, tenía mucho don de gentes, o eso me decía mi abuela Isabel. Tenía el pelo castaño y ondulado, los ojos verdes y los pómulos marcados. Era bajita pero bien proporcionada y, sin duda, sabía sacarle partido a su figura. Mi abuela siempre bromeaba diciendo que cuando tenía visitas en casa de gente externa a la familia, pensaban que se había dejado puesta la típica foto que viene de catálogo cuando comprabas un marco de fotos. Ella se reía y decía con su característico acento andaluz:

—¡Qué va! Pero si esa es mi hija.

—¡Nooo!, ¡qué me dices! —solían responder incrédulos.

—Sí, sí..., ¿a que era guapa? —respondía ella con orgullo.

Durante los meses que estuvo enferma, siempre que podía intentaba ir a verla a su habitación, pero la mayoría de las veces ella no me dejaba pasar. Me quedaba en la puerta, esperando escuchar su voz o el murmullo de la radio, que parecía estar encendida. A veces me decía que estaba cansada, que me fuera a jugar. Otras, ni siquiera respondía. No entendía muy bien lo que significaba que estuviera enferma; para mí, esa palabra era algo pasajero, como un resfriado o una fiebre que se curaba con descanso y un poco de cariño. Por eso, un día, mientras estaba en mi habitación, se me ocurrió hacerle un zumo de naranja. Era una tontería, pero, a mis siete años, esa idea me parecía como un pequeño acto de magia, algo que quizá podía devolverle la salud.

Me escabullí a la cocina y, con mis manos pequeñas, empecé a apretar las naranjas en el exprimidor. Sentía el zumo fresco que se me escapaba entre los dedos, y el olor a cítrico que impregnaba el aire me daba una extraña sensación de tranquilidad. Como si, al hacer aquello, estuviera logrando algo importante, algo que a los mayores se les había pasado por alto. Vertí el zumo en un vaso, cuidando que no se derramara nada, y me dirigí al cuarto de mamá con el corazón latiéndome a mil por hora. Ni pensé en tocar la puerta. Entré con el vaso en alto y una sonrisa de esperanza.

—Mamá, mira, te he preparado un zumo de naranja para que te pongas buena —le dije, con la voz temblorosa de emoción y miedo, deseando que aquello fuera suficiente para que sus ojos volvieran a brillar.

Pero, en lugar de la sonrisa que había imaginado, me encontré con su ceño fruncido y su mirada cansada. Ni siquiera me miró a los ojos; levantó la mano y señaló la puerta.

—No lo quiero —dijo con voz rota, pero que a mí me sonó como un trueno. Me quedé petrificada, el vaso de zumo en mis manos, que de repente se me hacía demasiado pesado.

—Pero..., mamá... —intenté insistir, esperando que, al ver mi esfuerzo, cambiara de opinión.

—¡Que no lo quiero! —repitió con tono enfadado, cortándome en seco.

La fuerza en sus palabras me empujó hacia la puerta, como si no hubiera lugar para mí en aquella habitación. La sonrisa que había llevado se desvaneció de golpe, y con ella, la pequeña chispa de esperanza que había sentido al hacerle el zumo.

Salí del cuarto con el vaso temblando en mis manos,

sintiéndome más pequeña que nunca. Desde ese momento, algo cambió dentro de mí. No supe verlo entonces.

Aquella puerta cerrada y su rechazo se convirtieron en una de las primeras grietas que sentí en mi interior, un hueco que no entendía cómo llenar.

Aquel intento infantil de cuidarla, tan insignificante para los demás, había sido para mí un acto cargado de esperanza, y sentir el rechazo me hizo darme cuenta de que había algo que no podía arreglar, algo que estaba fuera de mi alcance.

Ese rechazo dejó una huella en mí que en ese momento no pude entender. Con los años, comprendí que no solo me enfrentaba a la pérdida de mi madre, sino también a un vacío que nadie parecía poder llenar.

A lo mejor por eso le tengo tanta manía al zumo de naranja, quién sabe. Sin duda, como te decía al principio, lo que está claro es que los acontecimientos que vivimos nos condicionan. Somos un todo, pasado, presente y futuro, lo complicado para mí ha sido poder sacarles el lado positivo a muchas de estas vivencias. Es difícil, no te voy a engañar. Pero hoy en día puedo decir que lo he conseguido.

Siempre he agradecido enormemente la franqueza de mi padre al contármelo; sin embargo, la actitud del resto de los adultos que me rodeaban y su manera de llevarlo no me ayudó en absoluto. No hay culpables, cada uno hace lo que puede con las herramientas de las que dispone, aunque durante muchos años de mi vida te garantizo que no pensaba en absoluto de esta manera. Porque estaba claro que a esa edad era imposible que pudiera salir adelante yo sola. Lo peor es que yo me creí que sí, que yo podía con todo y con más, que me haría cargo de la situación, que era fuerte. Aquí empezó la construcción de mi personaje.

A los ojos de los demás, era una niña fuerte, que podía cargar con cualquier peso, pero por dentro me sentía rota, incapaz de sostener el vacío que había dejado mi madre.

Esa fuerza que creí construir era, en realidad, una coraza, una barrera que levanté para protegerme de un dolor que no sabía cómo manejar.

Mi madre siempre ha sido uno de los temas centrales en mi vida, especialmente en terapia. Su ausencia ha sido el origen de gran parte de mi sombra, aunque apenas tengo recuerdos claros de ella. El único que tengo grabado a fuego es el del zumo de naranja, y algunas imágenes borrosas que no la representan en absoluto. En esos recuerdos, ya estaba muy marchitada, una sombra de la mujer que todos me decían que había sido.

Ni siquiera puedo recordar su olor, ni su voz. Y esa falta de recuerdos me ha perseguido durante años. ¿Cómo es posible perder a alguien tan importante y no poder describir los pequeños detalles que la hacían única? A veces fantaseo con viajar al pasado, con tener un móvil como los de ahora para grabar su risa, sus gestos, su manera de hablar. Tampoco sé si compartimos expresiones o si nuestra forma de relacionarnos habría sido parecida. Es una desconocida para mí, y eso es lo que más me duele.

Esta ausencia tangible se convirtió en una de las heridas más difíciles de gestionar. Sentía que había una parte de mi historia, de mi linaje, que se había quedado vacía. Quizá por eso pasé años cambiando de ciudad, de país, de entorno, intentando encontrar un lugar donde pudiera sentir que pertenecía. Pero, en el fondo, no buscaba un sitio; buscaba a mi madre. Y, por más que lo intenté, esa búsqueda siempre terminaba en el mismo lugar: un vacío que nadie ni nada podían llenar.

Con el tiempo entendí que ese vacío no puede desaparecer. Se aprende a convivir con él, a aceptarlo como parte de quien

eres. Pero durante años, esa esperanza de llenar el hueco solo me trajo más dolor. Cuanto más intentaba sustituirla, más fuerte era el golpe de la realidad.

Eso no significa que no hubiera momentos de luz. Mi abuela Isabel, aunque no era mi madre, me dio tanto como pudo. Cada margarita blanca que traía a casa era su forma de mantener viva su memoria. Hoy, esas flores están presentes en todo lo que hago: en mi empresa, en mi piel, en mis decisiones. Son mi ancla a algo que no puedo recuperar, pero que me acompaña en cada paso.

También aprendí algo que ya no he vuelto a olvidar: la importancia de capturar recuerdos. Quiero tener vídeos de las personas importantes en mi vida, no vídeos posados, sino momentos reales, cuando no saben que están siendo grabados. Así lo hice con mi abuela Isabel días antes de que falleciera. Ella no sabía que le quedaba poco tiempo y en realidad los médicos tampoco. Nadie había dicho nada. Ella estaba como una rosa, con sus achaques típicos de la edad, pero en plenas facultades y autonomía para moverse, ducharse y cocinar. Pero yo tenía un presentimiento muy fuerte. No me equivoqué.

A pesar de todos mis esfuerzos por llenar ese vacío, el momento más difícil siempre ha sido regresar a ese día, al instante en que la pérdida dejó de ser una idea abstracta y se convirtió en una realidad devastadora. Porque ¿cómo le explicas a una niña de siete años que su madre acaba de morir?

No hay forma, todas son dolorosas, difíciles y complicadas. A pesar de ello, yo siempre he sido partidaria de que a los niños hay que irles de frente y contarles las cosas como son, con tacto y palabras que puedan entender, pero tal y como son, sin modificar la realidad, porque eso, a la larga, es un flaco favor.

Yo aprendí demasiado pronto lo que es la vida de verdad, cruda y sin edulcorar, con sus altos y sus bajos, pero con bajos muy muy jodidos para los que casi nunca se está preparada.

Es imposible saber cuándo tendrás el primer contacto con la muerte. El mío, como ya os he adelantado, llegó el 11 de febrero de 1995, cuando tenía siete años. Hasta ese momento mi visión de la vida y del mundo era amable, inocente y muy confiada.

Pero, en aquel momento, todo cambió: empezó mi rabia y se despertó el dragón que dormía en mi interior. Ya no había marcha atrás. Me enfadé tanto, tanto, tanto que solo recuerdo gritarle con todas mis fuerzas a mi padre, diciéndole: «¡Te odio, te odio!», y salir corriendo para encerrarme en mi habitación.

Con el tiempo, esa rabia se convirtió en otra cosa. Empecé a notar la distancia entre papá y yo, algo que antes nunca había estado ahí. Intenté acercarme, buscar de nuevo esa complicidad que siempre habíamos tenido, pero parecía que él también estaba atrapado en su propio abismo.

Recuerdo cómo, antes de que mamá se fuera, papá y yo éramos inseparables. Solíamos pasar horas jugando en mi habitación o haciendo peleas de almohadas en la cama. A veces, cuando yo estaba a punto de quedarme dormida, él se sentaba en el borde de mi cama y me contaba historias inventadas, llenas de caballeros y dragones que no me daban miedo, porque yo sabía que él siempre estaría allí para protegerme.

Pero, desde la tarde en que me dio la noticia, sentí que algo se había roto entre nosotros. No entendía bien por qué, sin embargo, cada vez que lo veía, notaba una distancia extraña en su mirada, como si se encontrara en otro sitio, aunque estuviera justo frente a mí. En sus ojos familiares, había un cansancio desconocido que me hacía sentir pequeña y sola.

Una noche intenté acercarme a él, buscando aquella complicidad que siempre habíamos compartido. Estaba sentado en el sofá, mirando fijamente al suelo, con los codos apoyados en las rodillas y las manos entrelazadas, como si estuviera sosteniendo algo invisible pero muy pesado. Me acerqué despacio y me quedé junto a él, esperando a que me mirara, a que me hablara como solía hacer antes. Pero pasó un rato largo y no dijo nada. Parecía que ni siquiera se había dado cuenta de que estaba allí.

—Papá, ¿quieres que te cuente algo? —le pregunté al final, con una voz casi temerosa, esperando que aquella pregunta pudiera acercarnos de nuevo.

Él levantó la vista un momento, pero en sus ojos no vi el brillo de siempre. Asintió sin decir palabra, aunque fue como si realmente no me escuchara.

Había algo entre nosotros, un muro invisible que hacía que mis palabras se quedaran suspendidas en el aire, sin llegar hasta él.

En ese instante, entendí que mi padre también estaba roto en mil pedazos por dentro, aunque no me lo mostrara. Y yo, que antes había sentido que éramos dos partes inseparables, ahora me sentía perdida, al otro lado de un abismo que no sabía cómo cruzar.

Después de aquella noche, algo en mí entendió que papá ya no era el mismo. O quizá era yo quien había cambiado. En cualquier caso, dejé de intentar volver a conectar con él con la misma intensidad. Ese muro parecía imposible de derribar. Con los años, aprendí a vivir con esa distancia, aunque, en muchas ocasiones, sentía una punzada en el corazón al recordar quiénes habíamos sido.

Tras la muerte de mi madre no lloré. Nada. Ni una lágrima. Cero. Me encerré. Guardé ese dolor devastador bajo llave y a conciencia para que nadie jamás pudiera encontrarlo y **me prometí a mí misma que nunca más volvería a querer a nadie,** pensando que así seguro que estaría a salvo. Ese encierro fue físico y emocional. Mi habitación se convirtió en mi refugio. No sabes lo complicado que ha sido poder salir de ahí.

Nada tenía sentido. La vida se paralizó y jamás volvió a ser lo que era. **Dejé de vivir y comencé a sobrevivir.** La Alba que existía hasta ese momento se quedó en esa habitación, sola, furiosa y deseando que todo eso no estuviera pasando. Todavía, hoy en día, pese a mi proceso de crecimiento personal y años de terapia, hay una parte que sigue allí. Intento no hacerle mucho caso, pero la cuido desde otro enfoque. Demostrándole cada día que no necesitamos que nadie nos salve.

Nadie está preparado para algo así. En ese momento descubrí que la vida no era fácil, que todo lo que tienes se puede esfumar en menos de un segundo y que no podemos dar nada por hecho. No tenía ni idea de cómo saldría de esta. Para colmo, en mi familia jamás se volvió a hablar del tema y la muerte de mi madre se convirtió en un tabú.

A partir de ese momento mi realidad empezó a ser muy diferente a la del resto de los niños de mi colegio. Me sentía muy perdida, teniendo que hacer frente a problemas adultos en un mundo infantil. Nadie sabía por lo que estaba pasando y tampoco podía compartirlo con mis amigas del colegio, ¿qué consejo te puede dar otra niña de siete años cuya única preocupación es qué va a tener de merienda ese día y a qué jugará en el recreo?

Es como si tienes una herida que necesita cicatrizarse, pero cada día te dan un golpe en ese mismo sitio, una y otra vez, a veces más flojos, otras más fuertes, sin embargo la herida se resiente, sangra, escuece. Así es como yo me sentía a diario en el colegio, con los niños de mi edad, con las vecinas del barrio...

Ir a casa de alguna de mis amigas del colegio era, de nuevo, volver a dar un golpe a esa herida. Ver a su madre, cómo interactuaba con ellas, cómo se dirigía a nosotras, el simple hecho de, como niña, tener un «modelo a seguir» o al menos esa inspiración femenina en casa. Odiaba esos momentos, odiaba los cumpleaños, odiaba las fiestas del colegio, lo odiaba todo. ¿Cómo escapas de la realidad que te ha tocado vivir?

Así me sentía, encerrada, deseando huir de una realidad que no quería experimentar. Y, por supuesto, tampoco quería sentir nada, sentir era malo, muy malo. No me había llevado a nada bueno y ni siquiera me daba las herramientas que necesitaba, solo me hacía más débil.

Esa falsa fortaleza me hizo inspirarme en mis profesores, al fin y al cabo, eran uno de los referentes con los que pasaba la mayor parte de mis horas diarias a esa edad. Pero ese agujero enorme sigue ahí, como tapado con una tirita con la que aprendes a vivir, pero que sigue ahí. En esas edades, el rol de los padres es fundamental. Para las niñas, el de una madre (o, de no haberla, un rol femenino, el que sea) es especialmente importante.

Tenía muchas preguntas y pocas respuestas y, sobre todo, una inmensa sensación de estar a la deriva.

La única que, de vez en cuando, se atrevía a hablar de mamá, en medio de todo aquel silencio, era mi abuela Isabel. No lo hacía con tristeza, o al menos no la mostraba. Para ella, hablar de mi madre era una forma de recordarla, de mantenerla viva a través de sus palabras. Aunque nunca la vi llorar, sus ojos brillaban de una manera que decía mucho más que sus palabras.

Recuerdo que, incluso en los días más tristes, intentaba

sonreír cuando hablaba de ella, contándome anécdotas de cuando mamá era pequeña, historias que convertía en algo parecido a un juego para que yo pudiera escucharlas sin sentir tanto dolor.

Una tarde, después del colegio, me llevó a la cocina, donde tenía una caja llena de fotos antiguas. Sin decirme nada, sacó una en la que aparecían mamá y ella, ambas de pie en la puerta de una casa que no reconocía, sonriendo bajo el sol. Mamá tendría unos diez años y llevaba un vestido blanco. La abuela me mostró la foto y se quedó mirándola en silencio un instante, antes de volverme a mirar a mí.

—Tu madre era la niña más alegre del mundo —me dijo, con una voz que intentaba sonar alegre también, pero en la que noté una ligera vibración. Sus manos, que sostenían la foto, temblaban un poco, y yo no podía apartar la vista de esos dedos arrugados, que parecían querer sostener algo más que un simple papel.

Me quedé mirando la foto, como si al observarla pudiera recuperar un pedacito de mamá que ya no existía. Mi abuela suspiró, pero fue un suspiro muy leve, como si no quisiera que nadie lo escuchara. Volvió a sonreírme, y con una voz algo más firme, empezó a contarme cómo mamá siempre hacía reír a todo el mundo, cómo le encantaba bailar y disfrazarse y cómo, cuando era pequeña, solía inventar historias que luego le contaba como si fueran verdad.

La escuché en silencio, deseando que la historia no terminara nunca, porque era como tener a mamá de nuevo allí, aunque solo fuera en las palabras de mi abuela. Al final, cuando cerró la caja y guardó las fotos, noté sus ojos un poco encharcados, pero no le dije nada. Sabía que ella no quería que la viera triste, que su manera de recordar a mi madre era a través de esa alegría que compartía conmigo, aunque le doliera. Desde entonces, cada vez que hablaba de mamá, yo intentaba sonreír como ella, guardando aquella tristeza en un rincón, como si así pudiera honrar la manera en que la abuela mantenía vivo su recuerdo.

Esas historias que me contaba eran como pequeños regalos. Fragmentos de mamá que podía conservar y atesorar, aunque no pudiera conocerla como yo deseaba. En cierto modo, la abuela me daba lo que nadie más podía: recuerdos llenos de luz. Pero incluso esos momentos eran fugaces, y al final del día, la ausencia de mamá y el silencio del resto de mi familia me dejaban con más preguntas que respuestas. Sentía que, a pesar de todo, estaba sola en un laberinto de emociones que no sabía cómo manejar.

Esto, para alguien que busca entender y que es curiosa por naturaleza, es realmente complicado de gestionar. Comprendí que solo tenía que seguir aparentando que todo iba bien y seguir siendo esa niña buena, educada y lista que todo el mundo veía en mí. El precio a pagar era alto y las consecuencias llegaron después, pero en aquel momento fue una salida, la que yo encontré a mi alcance.

Por las noches, a solas, lloraba. Lloraba mucho. Pero al día siguiente la vida tenía que continuar. No tenía otra. Hundirme o seguir. Eso forjó mi carácter y mi manera de ver el mundo. Me hizo más independiente y como es obvio maduré a pasos agigantados, pero también me hizo más vulnerable, aunque, para evitar esa vulnerabilidad, construí cuidadosamente una coraza, y por el camino desarrollé varias obsesiones que intentaban llenar esa carencia.

Sin embargo, pese a todo el caos, puedo decir desde mi perspectiva actual que tuve suerte con cómo avanzaron las cosas. Evidentemente este enfoque jamás lo vi en esa fase y me parecía inconcebible que semejante experiencia traumática pudiera tener algo bueno que mostrarme. Me llevó años entenderlo. Conforme vayamos avanzando en la historia, comprenderás a qué me refiero.

Ese intento de escapar de mi dolorosa realidad se convirtió en una obsesión descomunal por todo lo académico. Al principio, la satisfacción me llenaba por unos instantes, un buen comentario de un profesor, las notas altas, el talento artístico..., pero, como cualquier adicción, una vez que mi mente se había acostumbrado, cada vez quería más y más y la sensación de vacío llegaba cada vez más rápido. Los retos que me ponía a mí misma eran mayores, más ambiciosos y, una vez que los lograba, volvía a sentirme separada, vacía y sin sentido.

Uno de mis recuerdos más preciados era cuando llegaba a casa por correo la revista de animales a la que estaba suscrita. Era mi momento favorito, cada número estaba enfocado en una selección concreta de animales: te explicaban su anatomía, comportamiento, hábitat... Era fascinante. Aprender sobre ellos me sumergía en un mundo paralelo donde mi dolor desaparecía y todo parecía estar bien.

Ya antes de este episodio siempre había estado obsesionada con los animales, y les pedía una y otra vez a mis padres tener alguna mascota. A mi familia no le entusiasmaba la idea, pero conseguí traer a casa algún hámster e incluso mariquitas y lagartijas que recogía en el parque. Cualquier ser vivo me parecía suficiente. Incluso los gusanos de seda de los que te hablaba antes me parecían perfectos.

Tras la muerte de mi madre, mi único deseo fue tener un perro. No podía pensar en otra cosa. Así que mi padre, con toda su buena intención pese al caos vital en el que estábamos sumidos, decidió traer un cachorro a casa.

2

Las lecciones de Dori

Todo sucedió bastante rápido, apenas unos días después de lo ocurrido. Como suele ser el caso con muchos niños de esa edad, no era la primera vez que se lo decía, pero ahora, las circunstancias eras distintas. Además, soy hija única, así que imagino que a mi padre le pareció buena idea llenar la casa de un poco de alegría y compañía, aunque se tratara de solo un parche y aquello no fuera a sanar nuestro dolor..., ¿o sí?

Un día, apareció por casa con un cachorrito precioso de dos meses. Era una cocker spaniel color canela. Con sus orejas enormes de pelo semiondulado que casi rozaban el suelo cuando caminaba. Sus ojos oscuros y brillantes y su pequeño rabito, que se movía sin parar. No me lo podía creer, ¡tenía un perro!, ¡por fin se había hecho realidad! Su pelaje era brillante y muy suave. Mi padre dijo:

—La llamaremos Dori, por su color de pelo.

—¡Perfecto! —contesté entusiasmada—. ¡Dori, Dori!, ¡ven aquí!, ¡corre, ven!

Era increíble. Maravilloso. Podía pasarme horas observándola. Lo primero que hice fue contárselo a todas mis amigas del barrio y del colegio y, por supuesto, llevarla a la salida de clase para que todos pudieran conocerla. Era el centro de atención y se pasaba el día de mano en mano. Todos estaban enamorados de ella. Lo bueno es que ahora ya no sentía las miradas de pena de los demás porque había perdido a mi madre. Eso se había esfumado. Ahora el centro de atención era mi perrita y todo estaba bien, aparentemente.

Pese a todo, me seguía sintiendo muy diferente a los demás por vivir una realidad que no tenía nada que ver con la de la mayoría.

Y eso, cuando tienes esa edad, es una auténtica mierda. Es imposible olvidarte de algo así, te acompaña allá donde vayas. Para colmo, a esa edad los niños no paran de hacer preguntas y en algún momento siempre dicen: «Y tu madre,

¿dónde está?». O llega el momento de las fiestas de fin de curso y todo el mundo acude con sus padres.

Sin embargo, con la llegada de Dori mis días empezaron a tener sentido. Mi única motivación al salir del colegio era volver lo más rápido posible a casa para estar con ella. Subía las escaleras a todo lo que daban mis diminutas piernas, abría la puerta y allí estaba ella, esperándome, contentísima. Salía corriendo, ladraba, saltaba y me mordía los pies. Corría por el pasillo hacia mi habitación y ella venía detrás con sus orejas al vuelo. Ya no estaba sola, ahora éramos dos. Ahora la vida volvía a ser un poco más vida y sentía algo de luz entre tanta oscuridad.

Llevaba muy pocos días en casa, pero la quise desde el primer minuto. **Tener un perro te cambia la vida, eso lo sabemos bien todos los que en algún momento hemos tenido alguno.** Cuando no lo tienes y te lo cuentan, te da la sensación de que están exagerando y les miras de forma incrédula pensando: «Bah, no será para tanto». Y es verdad, no es para tanto, es lo mejor que te puede ocurrir en la vida. Y eso que en esos momentos yo ni siquiera era consciente de la responsabilidad que implica tener un perro ni los cuidados y dedicación que conllevan, pero puedo afirmar con rotundidad que a mí, aunque fuera de manera temporal, me devolvió las ganas de seguir adelante en medio de tanta destrucción. Dori se convirtió en un pequeño rayo de luz en un momento en el que no tenía nada a lo que agarrarme. Así que sí: es para tanto, y mucho.

Como te digo, no tenía ni idea de cómo tratar a un perro y mucho menos de cómo educarlo, algo lógico dadas las circunstancias. Tampoco podía pasearla muy lejos de casa yo sola, así que bajaba a la calle e íbamos a un descampado que había justo delante de mi edificio donde solíamos jugar los vecinos del barrio.

Dori era una perrita muy intensa, mucho. Ladraba sin parar constantemente y lloraba toda la noche sin descanso. No paraba quieta, todo lo cogía, lo mordía, lo rompía. Intentabas cogerla o jugar con ella y se lanzaba directa a tus manos con sus afilados dientes. Vamos, un cachorro en toda regla, pero como si se hubiera tomado un Red Bull esa mañana.

Ahora visualiza el momento por el que estábamos pasando en casa. Mi padre, que nunca había sido de perros y que tampoco se había criado con ellos en su familia, estaba igual de perdido que yo. En su caso, además, teniendo que madrugar para ir a trabajar, porque, pese a que la vida se había partido en dos, había que continuar con las obligaciones.

Trabajaba mucho. Salía temprano y regresaba muy tarde, así que yo pasaba gran parte del tiempo con mis abuelas, sobre todo con mi abuela Isabel, que me recogía del colegio y me cuidaba hasta que él volvía. Ya os he hablado de ella. Era una andaluza con todas las de la ley, echada para adelante, hablaba por los codos y muy alto y gesticulaba mucho. Llena de alegría y de risas, cariñosa y cercana. Abría las puertas de su casa a todo el mundo y, quisieras o no, tenías que acabar comiendo las rosquillas o croquetas que había hecho, que, por cierto, estaban de muerte.

Acababa de perder a su hija, la más pequeña de tres hermanos. No hay consuelo ni palabra de confort que valga para una madre que ha sobrevivido a su propia hija y a que una enfermedad se la haya llevado en menos de cinco meses. En la mente de cualquiera, eso se vive como una injusticia, algo antinatural. Mi madre tenía solo treinta y siete años cuando murió, exactamente los mismos que tengo yo ahora mientras escribo estas líneas.

Nada es casualidad. Este libro no es casualidad, como tampoco lo es que llevase posponiéndolo más de un año y que justo haya encontrado las fuerzas en este preciso momento. Es increíble, ¿no? Cómo la vida tiene sus propios ritmos ocultos, pero todo termina encajando. Es como un guion secundario al de nuestra vida visible, que se va tejiendo entre bastidores, pero que va dando forma sin que seamos conscientes a todos los escenarios que nos plantea esta aventura llamada vivir.

Puedes llamarlo destino, corazonada, intuición, guionista interno..., pero seguro que en algún momento de tu vida has sentido que había una energía que trascendía lo racional o que tomabas alguna decisión que no podías explicar con palabras. Para mí, ese guionista interno en realidad es una especie de desdoblamiento de mi propio yo, pero uno más puro, sin condicionamientos externos y que está conectado con mi esencia y mi alma. A veces me habla tan fuerte que es imposible ignorarle, otras parece que me confunda más y otras me da la sensación de que se ha ido porque no consigo saber cuál es el camino correcto. Sin embargo, siempre acabo encontrando alivio al pensar que en mi interior tengo las respuestas, aunque a veces no pueda verlas.

Otra de las cosas que he aprendido es que el universo es sabio y todo llega y sucede cuando estamos preparados, no cuando queremos que ocurra.

Daremos las gracias al guionista interno que todos tenemos trabajando sin parar entre bastidores. Y, además, aprovecharemos este momento para recordarnos que, oye, este tipo o tipa sabe lo que hace: confiemos un poquito más en sus facultades, no todo el peso tenemos que cargarlo solos.

Solo tengo un par de fotos de esa época con Dori, y,

aunque parece que estoy contenta, se nota que algo en mí ha cambiado. La expresión ya no es la misma que antes de que mi madre se marchara.

Cuando le pregunté a mi padre cómo era antes de lo ocurrido, me dijo que era una niña muy alegre, que incluso de bebé sonreía constantemente, y que era muy divertida y se reía mucho conmigo. Que me encantaba disfrazarme y estaba constantemente haciendo el bobo. Además, era muy generosa y extremadamente cariñosa.

Sinceramente, me encantaría poder reconocer todo esto en mí, y aunque sé que está en mi esencia, me resulta demasiado difícil aceptarlo como mío. Si miro alguna foto de esa época, antes del acontecimiento, por un instante puedo conectar con esa personalidad, pero me cuesta mucho mantenerlo.

Imagino que, por este motivo, cuando conozco a gente que tiene esas cualidades, me llama increíblemente la atención, porque, en el fondo, me estoy reconociendo en ellos, aunque yo ya no me comporte de esa manera.

Por eso, no puedo evitar cuestionármelo todo cuando alguna persona a lo largo de mi vida me ha dicho: «Tú no eres muy cariñosa», o «eres muy seria, formal y responsable».

¿Realmente soy así?

¿No será que lo que están viendo es el personaje que he construido como barrera protectora?

¿Y si toda mi vida fuera una mentira?

Bueno, vamos a ser positivas: no diremos toda mi vida, pero sí gran parte de ella.

Lo que sentí ese día fue real. La puñalada atravesándome el corazón y paralizando mi vida por completo. Fue real.

La sensación de caída al vacío sin paracaídas ni previo aviso fue real.

Haberme robado la infancia de un plumazo fue real.

La necesidad de salir adelante fue real.

Y ese impulso de supervivencia fue el único modo que encontré de salir adelante, aunque ahora, desde donde me encuentro, no esté de acuerdo con cómo salí de ese momento difícil a machete. El tiempo me ha demostrado que en ocasiones debemos pararnos, mirar hacia adentro y dejarnos fluir. Pero no importa: al menos me he dado cuenta y, ahora, poder analizar los hechos con perspectiva es uno de mis mayores aprendizajes.

Es importante recordar que **no conocemos a la gente tanto como creemos que la conocemos porque ni siquiera nosotros mismos sabemos quiénes somos.** Sin olvidar que estamos en constante evolución. Yo no tengo nada que ver con la Alba de los siete años, pero tampoco con la de los quince o los veinticinco: de hecho, me aburre y me molesta que gente de mi entorno cercano se haya quedado con ciertos conceptos asociados a mi forma de ser.

Creo que sin darnos cuenta es algo que hacemos muchas

veces, ponerle la etiqueta a alguien basándonos en un comportamiento que ha podido estar condicionado por su situación vital personal, pero que para nada le define como persona.

Me da pena pensar que otras personas puedan hacerse una imagen mental equivocada de mí, solo a partir de lo que han sentido o creído ver al tomarse un café conmigo. Quizá por eso, en general, también me ha costado mantener amigos a lo largo de los años: porque el proceso de evolución individual es muy personal.

Es más, te apuesto lo que quieras a que, si les dijera a algunas de las que hace años eran amigas más cercanas que ahora mi vida gira en torno a los perros, se reirían tanto que darían por hecho que me estoy quedando con ellas. Jamás, jamás, jamás me habrían asociado con eso, estoy segura. Pero te digo otra cosa, ninguna de ellas conocía tampoco la breve historia del paso de Dori por mi vida. Corto pero intenso y que marcó un antes y un después en uno de los momentos de mayor sufrimiento. Así que ahora vuelvo a preguntar: ¿realmente me conocen? Yo diría que no. Conocernos es una tarea muy personal; muy compleja. Esa tarea es mía y en ello sigo cada día.

Así que establecer juicios de valor u opiniones gratuitas no aporta mucho, más bien nada. Solo genera etiquetas sin sentido. Y aquí empieza el trabajo personal de verdad, el de quitarse todas esas etiquetas que nos hemos y nos han puesto. Y la vida me ha enseñado que las etiquetas son un error. Yo he sido la primera que ha metido la pata conmigo misma poniéndome un traje que no me correspondía. La de una personalidad responsable, que lo tiene todo bajo control y que es capaz de hacer frente a cualquier situación que se presente sin soltar una lágrima.

¡Qué mentira!, ¡qué mentira!

Esa no soy yo.

Yo soy aquella niña generosa, cariñosa, alegre, sonriente, divertida, que hacía el tonto todo el tiempo, que cantaba, bailaba, pintaba y que tenía una imaginación tan increíble que era capaz de transportar en menos de un segundo a todas sus amigas a un universo paralelo que ella misma había creado.

Sí, esa soy yo. Esa.

Aunque (casi) no pueda verla.

Y esa es una de las mayores tareas que la vida me ha presentado. La de ser capaz de mirar a los ojos a esa niña de siete años y decirle:

Te veo.

Te reconozco.

Todo está bien.

No tienes que esconderte.

Puedes llorar.

Es normal estar triste.
Es normal estar furiosa.
Patalea, grita, rómpelo todo.
Pero luego recuerda que tienes mucho que ofrecer.
Todo esto es lo que te hace única.
Todo ha pasado por un motivo.
Confía.
Confía en tu guionista entre bastidores.

Mi padre también me suele decir que hasta mi madre nos tenía que reñir porque no parábamos de jugar. Y todo eso se fue. Desapareció. Se terminaron los juegos, las risas, la alegría. Todo se volvió serio, difícil. Mostrar sentimientos se volvió tabú.

Porque total..., ¿de qué iba a servir si el daño ya estaba hecho?

¡Qué error! Qué error más grande...

Pero así es la vida y sus tiempos.

Creo que Dori estuvo con nosotros menos de dos meses. Aunque fue un periodo muy breve, cuando jugaba con ella el mundo se detenía, podía dejarme llevar, soltar el control y ser esa niña de nuevo. No tenía que fingir estar bien y no me sentía juzgada por otro ser humano por ser «la niña que ha perdido a su mamá». Ella disfrutaba de mi atención y yo de su compañía. Y qué mayor regalo de la vida que sentirte verdaderamente libre para ser quien eres. **La libertad es uno de los mayores obsequios y fue un perro, no un humano, quien consiguió que me sintiera feliz, en calma, libre, alegre, viva de nuevo.**

Ejercicio de reflexión

En nuestra vida, hay momentos que parecen estar diseñados para ofrecernos un respiro, para reconectar con lo que somos en nuestra esencia más pura. Tal vez has tenido una Dori en tu vida, ese rayo de luz que apareció justo cuando más lo necesitabas.

Piensa en una experiencia, persona o ser que haya sido tu ancla en momentos de dificultad. ¿Quién o qué te ayudó a recordar quién eras realmente? ¿Qué te enseñó esa experiencia sobre ti mismo/a? Si pudieras retroceder a ese momento, ¿qué le dirías a esa versión de ti? ¿Qué le dirías a la persona o ser que te ayudó en ese instante?

Cierra los ojos y permite que esos recuerdos emerjan. Siente la conexión con lo que te devolvió a ti mismo/a. A veces, en medio de la oscuridad, esos momentos nos muestran que, aunque perdamos el rumbo, siempre hay una luz que nos guía de vuelta.

Y te preguntarás: ¿qué pasó con Dori?, ¿murió? No, no murió. Aunque ahora ya lo habrá hecho, porque de eso hace muchos años.

Como habrás podido imaginar, toda nuestra vida estaba patas arriba y en este caso la expresión «un clavo saca a otro clavo» no funciona mucho. Yo era muy pequeña para poder hacerme cargo de tanta responsabilidad y mi familia tampoco estaba en el mejor momento. Mi abuela bastante tenía con sacar fuerzas para levantarse de la cama cada mañana y enfrentarse al mundo de nuevo. Además, cuidar de un perro le recordaba a la única perrita que tuvieron en casa. Se llamaba Lola. Un día, mi madre apareció con ella tras habérsela encontrado en la calle y le rogó a mi abuela que se la quedasen. Ella no lo tenía nada claro, tenía que levantarse a las cinco de la madrugada y era viuda con tres hijos, no tenía tiempo para mucho más. Pero, al final, accedió a la petición de mi madre. Mi abuela siempre me dijo que Lola era una perra listísima, aprendió ella sola a bajar a la calle: mi abuela le abría la puerta y bajaba las escaleras del edificio. Al llegar al portal, alguno de los vecinos le abría la puerta y ella salía a pasear y hacer sus necesidades. Cuando era la hora de volver, mi abuela se asomaba por el balcón y con su distintivo acento andaluz gritaba:

—¡Lolaaaa!, ¡Lolaaaa!

Y «la Lola», como mi abuela decía, subía corriendo a casa. Hasta que un día, después de mucho llamarla, Lola no volvió. Fue un vecino el que avisó a mi abuela de que la habían atropellado. Mi madre, que en ese momento no estaba en casa, nunca se enteró. Mi abuela le dijo que se había perdido y eso seguía pensando cuando murió con treinta y siete años.

Así que, imagino, tener que cuidar de un perro no era precisamente plato de buen gusto para mi abuela, porque, teniendo en cuenta lo reciente de los acontecimientos, esto solo metía un poco más el dedo en la llaga.

Y mi padre, más de lo mismo: viudo con treinta y tantos años y una hija a la que sacar adelante. La situación era insostenible y, al final, Dori regresó con su familia de origen. Era lo más sensato teniendo en cuenta la situación que estábamos viviendo. Aunque fue una experiencia fugaz, todavía puedo sentir la plenitud y felicidad de tener aquel cachorro en mis brazos. Ese sentimiento me acompañó durante los siguientes años de mi vida, durante los que deseé sin cesar que llegara el momento adecuado y pudiera tener un perro.

Sin darme cuenta, fui descubriendo que toda esa armadura que me protegía se desvanecía cuando estaba en contacto con los animales.

Me hacían sentir a salvo y me permitían conectar con la sensibilidad escondida que se había quedado congelada aquella tarde de febrero de 1995. Quién me iba a decir que casi treinta años después esto acabaría convirtiéndose en mi propósito vital y profesional.

Dori se fue, pero había otro ser que convivía conmigo, un ser lleno de rabia, furia, odio y destrucción, ese que salió a la luz el día que mi padre me contó la noticia. Ese al que llamé el dragón.

3

El dragón

Los siguientes años fueron muy complicados. De hecho, nunca he vuelto a tener un año que no lo haya sido, imagino que me he acostumbrado, y que, como en cualquier otro aprendizaje, con la práctica diaria acabas convirtiéndote en maestra. Maestra de la supervivencia y la transformación, esa soy yo.

Durante mis años de primaria en el colegio me dediqué a centrarme en cuerpo y alma a los estudios. Me ayudaba a no pensar, a no sentir, prefería no tener que abrir la compuerta. Todo lo académico fue mi salvavidas, así que, en el fondo, tuve suerte. Y digo suerte porque la escapatoria podría haber sido cualquier otra: la calle, las malas compañías, las drogas..., y al menos esta salida hizo que años más tarde pudiera encaminar mejor mi vida. ¿Ves lo que te decía? Al final todo acaba teniendo su parte buena, aunque en pleno fragor de la batalla sea imposible apreciarlo.

Hay muchas maneras de salir adelante tras una situación dolorosa o traumática, pero cada uno debe encontrar la suya.

Yo, a esa edad, no tenía ni experiencia ni recursos personales, así que todo fue puro instinto. Por eso, cuando escucho a algunas personas justificar la falta de resolución ante ciertos problemas o escenarios que presenta la vida con el hecho de no haber tenido las herramientas necesarias, no puedo evitar conectar con esa Alba niña de los siete años, la cual no solo no las tenía, sino que apenas contaba con experiencia vital. Y siempre pienso: «Si yo pude, seguro que tú también».

Creo firmemente, porque la vida me lo ha demostrado así en mis propias carnes, que, **cuando uno quiere y desea fervientemente algo, encuentra la manera de que suceda.** Incluso sin herramientas o experiencia. En mi caso, ese algo era salir adelante. Ese fuego nunca se habría encendido de no haber sido por aquella experiencia personal de tanta intensidad emocional y psicológica. Somos lo que nos ocurre, pero, sobre todo, somos lo que hacemos con esas circunstancias que se presentan.

En mi caso, podía haberme perdido en el victimismo, y sin duda, era una de las salidas fáciles, pero no me habría llevado más que a encerrarme cada vez más profundamente en la oscuridad.

El victimismo es como una voz interna que solo nos reafirma nuestros pensamientos limitantes, la sensación de invalidez, de injusticia y de desmerecimiento.

Al principio puede parecer que nos calma y apacigua, pero no deja de ser un tipo de pensamiento obsesivo: una vez que la mente se habitúa, la dosis que te exigirá será cada vez más y más alta y necesitarás reforzar tu victimismo no solo desde tu voz interna, sino también en las personas que te rodean.

Cuando no encuentres validación y reafirmación en tu proceso, te enfadarás, sin darte cuenta de que en realidad eres víctima de tu propio mecanismo mental. Ahí es donde está el verdadero victimismo, el que tú mismo has creado. Sin embargo, esas personas que no entran en tu juego son precisamente las que te están haciendo el mayor regalo. Te abren la puerta al final del túnel para que puedas descubrir que hay otros caminos.

Es posible que te cueste leer estas líneas si justamente te pillo en algún proceso sin resolver con algún familiar o persona de tu entorno cercano que te ha hecho daño. Pero créeme, a veces somos nosotros quienes no estamos dispuestos a escuchar. **Que no te den lo que tú crees que necesitas no quiere decir que no sea lo que en el fondo te viene bien.** Léelo de nuevo.

Siempre me he sentido muy sola, diferente, y cuando se acercó la adolescencia el sentimiento de abandono se fue haciendo mayor. La mayoría de los días no encontraba sentido a mi existencia y la impotencia de no tener control sobre las circunstancias externas me irritaba tanto que había días que me resultaba imposible poner freno a esa furia interna. Estaba enfadada con la vida, sentía tanta rabia e injusticia que esto acababa generando conflictos a mi alrededor, con la familia o con amigas. A esa furia, como te vengo contando, la llamé «el dragón».

No era lo de fuera: era mi interior lo que estaba intoxicado, me pasaba lo mismo que a un borracho que no es capaz de percibir la realidad ni tener claridad mental: estaba borracha con mi propia ira, que dominaba mis pensamientos y mi manera de actuar.

Noté mi dragón por primera vez aquel día en el salón,

con siete años. Sabía que estaba ahí. Mientras fui capaz de anestesiarlo, estuvo dormido, aunque cuando llegó la adolescencia resurgió con fuerza. Yo había crecido, pero él también y era más grande, poderoso y con un torrente de rabia aún más potente.

En realidad, diría que no hay adolescencia fácil para nadie. Pero cuando recuerdo la mía, incluso hoy en día, bastantes años después, y tras casi una decena de psicólogos, aún tengo que hacer esfuerzos por no derrumbarme. Intento respirar hondo y contarme la historia como si estuviera hablando de una película y de una actriz. Hay momentos en los que verdaderamente siento que me disocio y que esa persona a la que me estoy refiriendo no soy yo. Si cierro los ojos, todavía puedo verme en mi habitación, triste, sola, angustiada, intentando encontrarle sentido a una vida que me resultaba una mierda.

—Es imposible, es imposible... —repetía en mi cabeza sin parar

No hay solución. Nada tiene sentido. No tenía nada a lo que agarrarme. No sentía que tuviera un hogar. Cinco años después de la muerte de mi madre, mi padre y yo nos mudamos a quinientos kilómetros. El día que me dio la noticia, sentí que un puñal me atravesaba el corazón. Pese a que nada ni nadie me podía devolver a mi madre, y mucho menos aún quitarme este dolor que me estaba partiendo en dos, al menos contaba con mi entorno, mi colegio, mis amigas y mis abuelas. Sobre todo mi abuela Isabel: ¿cómo iba a separarme de ella?

Me recuerdo en esa habitación, sola, triste, abandonada, enfadada, desesperada. Desesperada por querer salir de ahí, de todo, de esta vida, de toda esta mierda. Con doce años y casi a quinientos kilómetros de distancia de mi antigua vida, sentada a mi escritorio, que daba a la ventana desde la que se veía un pequeño jardín al lado de un enorme edificio. El bloque estaba lo suficientemente cerca para que te pudieras imaginar cómo sería la vida en una de esas casas, observando las borrosas siluetas que se percibían desde la distancia.

Había tardes que me podía pasar enteras llorando, hasta que al final, por puro agotamiento, terminaba por calmarme. No me gustaba mi realidad. Me sentía en una cárcel, sentía que no podía confiar en nadie. Deseé millones de veces despertarme de esa pesadilla, pero no había manera.

Descubrí, en algún momento de todo este dolor y caos, que en la vida, cuando haces las cosas bien, te premian, te prestan atención y obtienes valoración.

En realidad, a mí todo eso no me importaba absolutamente nada. Pero una parte de lo más profundo de mi ser descubrió que esa atención momentánea me hacía sentir bien y, por unos segundos, mitigaba mi angustia.

No fue hasta muchos años después cuando me di cuenta de que sacar unas notas excelentes fue la manera que encontré de recibir amor. Suena tan patético como triste, aunque por desgracia es bastante habitual, y me atrevo a decir que muchos de los que me estáis leyendo aprendisteis la misma estrategia. Esos momentos en el colegio me daban el cariño que anhelaba. Mira hasta qué punto había cerrado mi corazón a cal y canto que el amor se convirtió en el resultado de «ser perfecta».

En mi mente, aquello se tradujo en que debía ser la mejor en el colegio. Así fue como empecé a desarrollar una obsesión enfermiza. Y lo peor de todo es que, ilusamente, creí que esos miniéxitos llenarían mi vacío existencial.

Volviendo a mi habitación de la adolescencia, la del escritorio en la ventana. Ese fue el rincón en el que pasé todos esos años hasta que cumplí dieciocho. Miraba a mi alrededor y me preguntaba si el resto de las personas también se sentirían así de encerradas.

Si tendrían deseos de morirse y si sentirían alivio al pensar en el momento que su vida terminase. Tampoco es que pudiera comprobar si yo era la única o no, porque claro, a quién le vas contando todo esto y, lo más difícil aún, cómo encajan todos esos pensamientos en el rol de una niña perfecta. No, no eran compatibles.

Solo fui capaz de contárselo a una de mis amigas del instituto. Hoy en día no nos hablamos, hace años que perdimos el contacto. Pero recuerdo con nostalgia el vínculo tan fuerte que se despertó en mí como para atreverme a compartir esas emociones con alguien. Ella era la única que sabía que pensaba constantemente en la muerte como la única solución a la vida que estaba llevando.

Ni siquiera en mi casa, que se supone que debía ser mi refugio, me sentía segura. No encontraba salida.

Creo que hay que ser muy valiente para suicidarse, y no lo digo en un sentido positivo: es que no es lo mismo pensarlo que hacerlo. Yo he tenido varios momentos extremos en mi vida, y me aterra pensar en qué situaciones pueden llevar a una persona a cruzar esa raya. Durante esos años, cuando me iba a las tinieblas, a lo más profundo de mi cueva, donde estaba mi dragón, sentía ese fuego que arrasaba con todo dentro de mí. Por eso, de desesperación, como grito de auxilio, muchas veces me autolesionaba.

Ese pequeño dolor físico me ayudaba a canalizar esa fuerza desbocada de mi dragón. No era fácil. No era fácil controlarlo. Parecía que mi estrategia de ser la niña perfecta estaba funcionando porque mi dragón estaba tranquilo y no quería aflorar. Las pequeñas dosis de atención y elogios también le relajaban. Estábamos conectados, pero a la vez éramos dos entes independientes. Pero claro, en la vida no todo son aguas en calma, a veces hay oleaje y, algunos días, incluso tormenta. Así que hay que estar preparado.

Yo no lo estaba. En esos segundos yo desaparecía y el dragón se apoderaba completamente de la situación. Incluso podía sentir cómo se me cambiaba la cara. Me daba pánico. No era capaz de controlarlo y, cuando se apoderaba de mí, no paraba hasta romperlo todo. Era muy aterrador.

Hasta entonces, lo que había hecho era encontrar una motivación que me sirviera como distracción. Encontrar una estimulación nos transforma y da sentido a nuestro día a día, nos hace conectar con esa fuerza interna que todos tenemos, lo que pasa es que muchas veces está aletargada, intoxicada o es víctima del propio proceso que el inconsciente ha creado. Yo ni siquiera intenté buscarla, ocurrió como un proceso de salida hacia delante. Esto también es válido, ya que las motivaciones dependen del momento vital en el que nos encontremos, y es normal que vayan cambiando: por eso, en esa etapa en la que la fijación estaba puesta en los estudios, tampoco cuestioné si era bueno, malo o lo más apropiado para mí. En ese momento me funcionaba, hacía que me olvidase de lo ocurrido y que la herida escociera un poco menos.

Otro de los aprendizajes que descubrí con el tiempo es que, cuando te das cuenta de que hay algo en tu manera de pensar y enfocar la vida que no es correcto ni te está dando los resultados esperados, parte de ese proceso de curación y transformación también pasa por revisar a las personas de tu entorno. Todo lo que nos rodea es energía y, además, somos cocreadores de la realidad, lo que hace que atraigamos a nuestra vida situaciones que están en la misma sintonía. Por eso, es común ver que gente negativa tiene amigos o familiares negativos que solo refuerzan su manera de pensar. Y no se trata de no dirigirles la palabra nunca más, sino de que en tu proceso de sanación es necesario que todo vaya en la misma dirección. Es como si, volviendo al ejemplo anterior, un alcohólico quiere dejar de beber y sigue quedando todos los fines de semana con sus amigos de toda la vida, con los que el plan es beber una cerveza tras otra en el bar. En algunos casos, cierto distanciamiento puede ayudar.

El caso es que la obsesión académica me mostró que lo que en realidad estaba haciendo era llenar una carencia enorme, esa falta de amor, atención y cuidado, buscando un reconocimiento exterior (que al mismo tiempo me servía de distracción). Apenas lloraba y lo hacía a solas, en mi habitación, por lo que, de cara al exterior, todo estaba fenomenal, nadie se daba cuenta de nada y mis profesores pensaban que era la estudiante ejemplar.

¡Qué peligroso es eso! Con el tiempo, esto me ha llevado a darme cuenta de cuántas veces habremos tenido a nuestro alrededor personas que, en el fondo, estaban destrozadas por dentro, que llevaban a sus espaldas un dolor insoportable pero que ponían su mejor sonrisa y seguían adelante cuando, en realidad, la casa estaba en llamas y se podía venir abajo de un momento a otro.

Así me sentía yo, con un dragón interno que, cuando estaba en contacto con el mundo externo, dormía y parecía que no existía, pero cuando se encontraba a solas, despertaba. Con el tiempo, conforme seguí teniendo experiencias negativas, el dragón fue creciendo. Como te decía antes, cuando uno está mal, parece que todo se confabula para que no dejen de presentarse situaciones y personas complicadas, decepciones y problemas. Es como si tuvieras una antena gigante para atraerlas a tu vida. Realmente es así. Por eso es tan complicado salir del laberinto, porque a veces te das cuenta de que estás dentro, eres consciente de lo que ocurre y deseas con todas tus fuerzas que la angustia termine, pero, como la energía llama a la energía y no entiende de negativo o positivo, te presenta aquello que estás emanando. Me llevó muchos años, gritos y desesperación entender esto.

Ejercicio de reflexión

A lo largo de nuestra vida, todos enfrentamos nuestros propios «dragones». Esas partes de nosotros mismos que a veces parecen incontrolables, destructivas o difíciles de comprender. Quizá el tuyo no sea la rabia, pero puede ser el miedo, la tristeza o la culpa. Tómate un momento para reflexionar: ¿qué «dragón» llevas dentro? ¿Cuándo sientes que más se despierta?

Ahora imagina que tienes la oportunidad de dialogar con esa parte de ti, como lo hice yo. ¿Qué le dirías? ¿Qué necesita de ti para sentirse en calma? Visualiza cómo podrías tenderle la mano en lugar de luchar contra él. Si quieres, escribe tus pensamientos. A veces, ponerlo en palabras ayuda a darle forma a lo que parece un caos interno. No te juzgues mientras lo haces. Solo observa qué surge y cómo te hace sentir.

Había días que vivir me resultaba directamente insoportable. Ya te he contado que durante mi adolescencia deseé la muerte en repetidas ocasiones, tantas que he perdido la cuenta. Mi cabeza me repetía una y otra vez que yo no quería esa vida, que era injusto lo que me había pasado. Quería que el sufrimiento parase.

Ver las vidas aparentemente perfectas de los demás solo multiplicaba mi desesperación y alimentaba mi dragón.

Y te digo algo: fui muy afortunada de que en esa época no existieran las redes sociales, porque, si no, creo que no estaría aquí para contarlo. Cuando uno se encuentra en el hoyo, en la oscuridad más profunda, que te restrieguen por la cara todo lo que no tienes es lo último que necesitas. Es como un empujón que te acerca más aún al precipicio.

Los procesos personales son muy jodidos, principalmente para el que los vive, que ni siquiera sabe cómo solucionarlos. Yo bajo ningún concepto podía mostrar a mí dragón a los demás.

Porque, si ni siquiera fui capaz de llorar delante de nadie tras el fallecimiento de mi madre, ¿cómo iba a mostrar a mi dragón? El riesgo era demasiado grande, el riesgo era el rechazo y de ninguna de las maneras podía exponerme a mostrarme de esa forma con alguien y que luego esa persona me abandonara y desapareciera, ¿Otra vez? Jamás, por encima de mi cadáver. Tenía que seguir con mi plan maestro. Ese de fingir que todo está bien. Prefería cargar con ese vacío infinito en mi interior que ardía en cólera que exponerme a perder a alguien más.

Por aquel entonces, mis mañanas consistían en ir a clase y las tardes en estar encerrada en mi habitación, estudiando, leyendo, escribiendo o dibujando. Los días se hacían larguísimos, y los meses y los años más aún. Y por fin, sobre los catorce años, fui por primera vez a una psicóloga. En aquella época, poca gente iba al psicólogo o, si iban, no se hablaba de ello con libertad —al menos en mi entorno lo viví así—, del mismo modo que expresar los sentimientos tampoco era habitual ni se fomentaba a nivel social ni familiar.

Hablábamos de todo un poco: de mi situación familiar y de cómo me sentía, pero la verdad es que en ese momento me costaba demasiado confiar en alguien. Seguramente algo me ayudó en mi evolución, pero soy consciente de que yo tampoco estaba teniendo la apertura necesaria para un proceso terapéutico de este tipo. Aun así, considero completamente necesario el acompañamiento de un profesional en cualquier situación de desborde emocional y, por supuesto, cuando hay pensamientos recurrentes sobre la muerte.

Uno de los enfoques que me habría encantado recibir durante mi terapia es la idea de incorporar a los perros como apoyo emocional. En esos momentos, no fue una sugerencia por parte de mi psicóloga, sin embargo, años después conocí a varios profesionales de la salud mental que me hablaron sobre los increíbles beneficios que pueden tener los perros en situaciones dolorosas o traumáticas. Como además había podido experimentar esa magia en mi propia piel, decidí ir un paso más allá y me formé como técnico en intervenciones asistidas con animales, coloquialmente conocido como «especialista en trabajo con perros de terapia».

Recuerdo que una de las psicólogas nos habló de un caso de un niño con autismo que nunca había dicho ni una sola palabra, sus padres no sabían cómo hablaba y casi no se podían acercar a él porque tampoco admitía bien el contacto físico. Después de varios meses trabajando en sesiones con uno de los perros de terapia de la entidad, un día, sin que nadie lo esperara, dijo su primera palabra. La madre en ese momento se echó a llorar. La psicóloga nos explicó que el vínculo que se genera con los perros conecta otras áreas cerebrales diferentes y, a su vez, genera un torrente de oxitocina, la hormona del amor y del apego, que ayuda a reducir el estrés, mejorar la socialización y fomentar la confianza en uno mismo y en los demás.

Este es solo uno de los muchos ejemplos de cómo los perros pueden ser un soporte fundamental en procesos psicológicos complejos. Su presencia no solo tiene efectos positivos en el estado emocional de una persona, sino que también influye en la regulación del sistema nervioso. Las entidades que se dedican a esto en contacto directo con médicos han demostrado que acariciar a un perro reduce los niveles de cortisol, la hormona del estrés, mientras que, al mismo tiempo, aumenta la serotonina y la dopamina, neurotransmisores clave en la regulación del bienestar emocional.

Para quienes han pasado por experiencias traumáticas, los perros pueden actuar como un puente de seguridad entre el trauma y la reconstrucción de la confianza. Su amor incondicional y su capacidad para vivir en el presente enseñan a sus humanos a encontrar paz en los pequeños momentos, sin la carga del pasado ni la ansiedad del futuro. En el caso de personas con ansiedad o depresión, los perros de apoyo emocional han demostrado ser una herramienta poderosa, promoviendo la sensación de compañía, reduciendo el aislamiento y creando rutinas diarias que fomentan la estabilidad emocional.

En terapia con niños, adolescentes e incluso adultos, los perros también pueden funcionar como un canal para la expresión emocional. Muchas personas que encuentran difícil hablar sobre sus sentimientos con un terapeuta pueden hacerlo con mayor facilidad cuando un perro está presente en la sala. La simple presencia del animal genera un ambiente de confianza y seguridad en el que el paciente se siente menos expuesto y más receptivo a la terapia. De hecho, actualmente en los juzgados de Madrid se utilizan perros de terapia para dar soporte en situaciones familiares complejas donde los niños tienen que estar presentes para declarar.

A lo largo de mi formación y experiencia, he podido presenciar cómo los perros no solo acompañan, sino que también transforman vidas. No importa la edad, el contexto o la historia de cada persona, su efecto es universal. Para mí, Claire ha sido mucho más que una compañera; es mi terapeuta, mi ancla y mi mayor maestra de vida. Ella me ha enseñado lo que ningún libro de psicología me había explicado con tanta claridad: el amor incondicional y la presencia absoluta son algunas de las herramientas más poderosas para sanar el alma.

Cuanto más grande era el vínculo que tenía con alguien, más posibilidades de que en algún momento inesperado saliera mi dragón. Eso fue lo que me pasó con mi primer novio de la adolescencia con quince años. Siempre que había situaciones en las que notaba que perdía el control emocional o que revivía de alguna manera el sentimiento de injusticia, pum, mi interior se llenaba de fuego y ahí estaba el dragón, que arrasaba con todo lo que encontraba convirtiendo una aparente situación sin importancia en un evento catastrófico donde toda mi frustración y odio acumulados durante años salían de golpe.

Lo peor es que me daba cuenta de que no podía controlarlo, y eso es lo que realmente me daba miedo. Se apoderaba por completo de mí. Solo quería destrucción, muerte, romper con todo, mandarlo a la mierda. ¿Te suena de algo este sentimiento? Ajá, 1995 en el salón de mi casa: «¡Te odio, te odio, te odio!». Al universo, a la vida, a mi existencia, a mí misma por no poder hacer frente a lo que sentía ni entender lo que estaba pasando.

Han sido treinta años de trabajo personal y muchas sesiones con diferentes terapeutas los que me han permitido sintetizar de esta manera la línea temporal y unir unos acontecimientos con otros. Además, por supuesto, de mi terapeuta de cuatro patas que me ha acompañado estos últimos ocho años. Te hablaré de la verdadera protagonista del libro más adelante.

Y volviendo a la idea del guionista entre bastidores. Mi guionista, que es muy astuta, me puso en la vida a un primer novio compasivo, más calmado que una pluma, con paciencia infinita y al que nada le alteraba. Perfecto para poder hacer frente a mi dragón, porque solo con templanza se podía tener la suficiente serenidad para evitar quemarse sin bloquearse en el intento. Lo más mágico de todo es que, cuando a mi dragón se le agotaban la energía y sus reservas de fuego, ese ser temeroso se quedaba acorralado, sin fuerza, sumiso y débil..., y ahí es donde esa calma de él conseguía recomponerme. Al fin y al cabo, ese bebé dragón había ido creciendo encerrado en mi interior, solo, sin nadie, a la deriva y con sus alas amarradas, con cadenas y piedras en las patas, no vaya a ser que se moviera un poco y alguien se percatara de su presencia. Así hasta convertirse en un dragón adolescente que solo quería salir al mundo y encontrar algo de compasión, de atención y de amor.

Así leído, tener a alguien a tu lado que apacigua y comprende a tu dragón suena genial, pero te juro que no le desearía a nadie haber pasado por lo que él tuvo que pasar ni haberme conocido en esos años. Yo misma creo que no habría sido capaz de soportar un comportamiento como el mío.

En esa época, por supuesto, seguía con mis sesiones de terapia, pero estos procesos son largos y, aunque a veces me encontraba mejor, no hallaba la manera de entender a mi dragón y llevarme bien con él. Aunque quería ayudarle, yo también estaba intentando sobrevivir como podía.

A veces, tenía conversaciones con él.

—Oye, ¿cómo puedo ayudarte? —le preguntaba.

—Necesito salir de aquí, no puedo moverme, ¿me puedes quitar las cadenas?

—Entiendo —le respondía—, pero tenemos un problema. El resto de los humanos no están acostumbrados a convivir con dragones. Si te suelto, se van a asustar. ¿Qué haríamos entonces?

—Déjame demostrarles que mis intenciones son buenas… —me decía mirándome con ojos encharcados.

—Lo sé, y te creo. Pero necesitamos encontrar otra forma. ¿Crees que haya algo que pueda ayudarte a calmar tu fuego? A lo mejor así salir al mundo no será tan temerario.

—Creo que sé por dónde vas —me decía—. Se me ocurre una cosa. Siempre me he sentido muy solo, en la oscuridad, no tengo familia ni amigos, ¿crees que podrías conseguirme a alguien con quien jugar? ¿Alguien que me dé algo de amor?

—Hum… —Mi cerebro iba a mil por hora, intentando buscar alguna idea—. Vale, lo tengo. No sé si funcionará y tienes que tener cuidado, no vaya a ser que tu fuego se escape y le hagas daño sin querer.

—Descuida, ¡así será! —me dijo entusiasmado y poniéndose de pie—. Dime, ¿de qué se trata?

—Es una sorpresa, ya verás. Espero que te guste.

En ese momento, como en miles de ocasiones anteriores, volvió a mi mente la idea de tener un perro. Con mis circunstancias actuales era imposible. Vivía con mi padre, su pareja y la hija de ella. Ellos siempre decían que no eran de perros. No me quedaba otra que aceptar lo que había: al fin y al cabo, era su casa. Así que tracé un plan, añadí un elemento a mi lista para tener un motivo más por el que seguir levantándome cada día y hacer frente a esa realidad de mierda que tan poco me gustaba. Tendría un perro. ¿Cómo?

No lo sé, pero lo conseguiría. Estaba segura de que sería el apoyo perfecto para mi dragón: compartir su día con otro ser vivo que siempre está contento y entusiasmado por verte le ayudaría a no sentirse tan solo y enfadado.

Pienso que, como en el fondo siempre he sido una soñadora con la esperanza de que algún día todo estaría bien, esto me ayudó en mis momentos de luz (pocos) a pedirle al universo que por favor todo empezase a ser un poquito más fácil para mí. No tenía ni idea de si funcionaría, pero quería pensar que sí.

Me resistía a creer que la vida no tenía mejores cosas preparadas para mí.

Unos años más tarde, después de haber terminado la universidad, mi vida dio un vuelco abismal. Para que puedas entender un poco mejor el contexto, te diré que mis años de universitaria no fueron terribles, pero tampoco los recuerdo como «la mejor época de mi vida», que es como suele definirla la mayoría. Como me fui a estudiar a otra ciudad, la distancia me ayudó a encontrar cierta paz, pero sabía que en realidad estaba muy lejos de haber sanado.

Y una vez terminada la carrera, me fui a Madrid a vivir

con mi abuela Isabel, empecé un máster y, a los pocos meses, encontré trabajo. Un año después, me salió otra oportunidad laboral y a la semana de haberme incorporado mi jefa me contó que nos íbamos a Miami unos días. ¡No me lo podía creer! Siempre había soñado con ir a Estados Unidos; imagino que, en mi interior, envidiaba la vida aparentemente idílica de las familias americanas que yo hubiera deseado tener. Y, como las casualidades no existen, esta experiencia me trajo otro de mis mayores aprendizajes y, de la mano, vino con la oportunidad de poder cuidar de dos perros.

4

Sonny y Sofi

Era febrero del 2012 cuando nos fuimos a Miami por trabajo. Estaba de los nervios. La presión era enorme, sobre todo la mía interna, esa que me pedía dar el cien por cien en todo, y más aún en mis primeros días en este nuevo puesto.

Estuvimos allí una semana y nos alojamos en un hotel justo enfrente de la playa. Vamos, la típica escena que te imaginas cuando piensas en el ambiente de Miami. Sol, playa, gente haciendo deporte o patinando y hamburguesas gigantes.

Al día siguiente de llegar, coincidimos con uno de los chicos que estaba trabajando en la recepción del hotel. ¿Sabes esa sensación cuando parece que ya conoces a alguien sin haber intercambiado ni una palabra? Esa misma fue la que tuve.

Cuando terminábamos la jornada, yo volvía al hotel y pasaba muchas horas hablando con él. Poco a poco ambos empezamos a darnos cuenta de que habíamos vivido procesos muy similares desde niños y, sin duda, ese fue uno de los puntos de anclaje y conexión.

Cuando regresamos a Madrid, pensé que jamás volvería a verle. ¿Qué posibilidades había? Yo tenía mi vida en España y, en el fondo, no nos conocíamos de nada.

Pero, nuevamente, la vida, hace de las suyas. Mantuvimos el contacto en la distancia; por aquel entonces, se llevaba mucho el Skype, así que era nuestro método de comunicación más usado. Instagram acababa de empezar a ponerse de moda ese año y casi nadie tenía perfil todavía (a mí, que siempre me ha encantado la fotografía, me pareció un pasatiempo estupendo. Recuerda este dato para lo que te contaré más adelante).

Estando en dos continentes tan separados, la diferencia horaria era un hándicap, pero para ambos estaba resultando muy sanador poder compartir con alguien esos momentos de dolor que habíamos llevado a nuestras espaldas durante tanto tiempo.

Dos meses después de volver a Madrid, él vino a visitarme. Y otros dos meses tras su viaje, decidí irme yo durante unos meses.

Hay momentos en los que parece que te sientes arrastrado por un plan superior que va tomando las decisiones por ti.

No te voy a mentir: era una locura, y eso mismo pensaban mis amigas y mi entorno cercano. Pero la verdad era que yo no tenía nada que perder, y salir de mi ambiente, de mi cultura, de todo lo conocido, era la oportunidad perfecta para empezar a construir de nuevo.

En realidad, llevaba años queriendo huir lo más lejos posible, así que creo que aquella situación me dio la excusa y el empujón definitivo que necesitaba.

Él todavía vivía con su padre y su hermano, pero la casa era lo suficientemente grande como para que hubiera espacio para todos y no te sintieras coartado. El mejor momento vino el día que llegué a esa casa y me recibieron sus dos perros. El yin y el yang. Uno era un macho enorme, samoyedo, precioso y bastante independiente. La hembra era muy pequeñita, era una yorkshire que podías coger con una mano. Ella era mucho más dependiente, además de con muchísimo carácter.

¡Era maravilloso! Por fin iba a poder convivir no solo con un perro, sino con dos. Estar fuera de mi país no era fácil, las diferencias en costumbres, el idioma, la comida..., era todo un cambio radical, pero también un mundo nuevo por descubrir, y había momentos en los que no podía evitar sentirme muy vulnerable.

Poco a poco, empecé a encargarme del cuidado de los perros. La hembra se llamaba Sofi y el macho, Sonny. Jugaba con ellos en el jardín, los llevaba a pasear, les daba su comida y los bañaba. Sofi cada día estaba más unida a mí, me perseguía por toda la casa y se acurrucaba conmigo en la cama.

Muchas de las típicas casas americanas tienen jardín, así que los perros suelen salir allí y no es tan común llevarlos a parques, como ocurre en España. Eso me llamó mucho la atención. Yo estaba empeñada en que salieran, que conocieran otras cosas, que interactuaran con otros perros. Así que, con mi llegada a su casa, también llegaron las salidas a los parques. Verlos tan felices me llenaba el corazón.

Uno de mis momentos favoritos era el baño. Sofi, que era puro nervio, conseguía quedarse tranquila mientras la enjabonaba con cuidado. Después, aplicaba el acondicionador y, por último, la secaba con secador y cepillo. Todo el proceso me llevaba varias horas, pero disfrutaba tanto que el tiempo se detenía. ¡No te puedes imaginar el pelazo que se le quedaba! Estaba radiante. Hasta en la familia comentaban que nunca la habían visto tan bonita.

Cuidar de ella era increíblemente sanador para mí. Esa carencia de amor que arrastraba se llenaba cuando cuidaba

de ella. Su mirada, sus acercamientos y su vínculo conmigo eran su manera de decirme lo agradecida que estaba. Jamás había imaginado que dar amor era, en realidad, como si me lo estuvieran dando a mí. Cuando das lo mejor de ti y te entregas desde el corazón, todo se expande y ya no hace falta esperar que venga de otros, porque nace de ti.

No teníamos mucho dinero, así que los planes de ocio se reducían bastante. Yo no podía trabajar legalmente allí y los ahorros que había llevado también eran limitados. Sin embargo, por primera vez, disfruté de estar en una casa. Los momentos sencillos, como preparar una comida y, sobre todo, estar con los perros, me aportaban una paz maravillosa.

Sin embargo, la relación de pareja no era precisamente fácil. Como ya sabes, ambos veníamos de infancias complicadas y teníamos mucha tristeza e ira en nuestro interior. Lo que en principio fue un punto de unión se acabó convirtiendo en el detonante de peleas y discusiones continuas.

En el fondo, ambos éramos niños heridos que habían tenido que lidiar con sus emociones en soledad. La vida nos había hecho madurar a prisas forzadas y sin una madre desde temprana edad. Ambos estábamos vacíos por dentro, buscábamos desesperadamente algo de amor en el mundo exterior. Imagino que compartir este dolor y deseo común era muy poderoso, pero claro, de ninguna manera podíamos darnos eso que necesitábamos, ya que ambos buscábamos en el otro lo mismo y no teníamos las herramientas para poder ofrecer algo que ni siquiera sabíamos cómo encontrar.

Nadie de nuestro alrededor entendía nuestra relación, y en parte lo comprendo, porque es cierto que vistas desde fuera todas esas discusiones eran muy tóxicas. Sin embargo, a la vez fueron muy liberadoras, porque **por fin encontramos una manera de canalizar nuestro odio hacia el mundo**, aunque el campo de batalla fuéramos nosotros mismos.

Una vez más, con el tiempo entendí que la vida te pone delante de aquellas situaciones que necesitas. Me costó horrores salir de ahí y poner fin a la relación, aunque sabía que era lo mejor para ambos. De esta experiencia aprendí que, aunque pueda parecer que eres el único en el mundo pasando por algo, hay otras personas que han vivido experiencias similares y que todos, todos, todos merecemos una oportunidad.

También aprendí que, si no lidiaba con mi dragón, jamás iba a conseguir amar verdaderamente a nadie, porque el miedo siempre iba a ser mayor que el deseo.

Me di cuenta de que para sanar tienes que hacer el trabajo tú mismo: ninguna persona lo puede hacer por ti.

Da igual lo mucho que les importes o que otras personas te quieran y quieran ayudarte: el verdadero aprendizaje es individual.

Yo estaba completamente rota por dentro, y, aunque en un mundo ideal, quería que la relación funcionase, no estaba preparada. Tenía demasiado por sanar.

Estuve varios meses allí, pero inevitablemente llegó el momento de la despedida. Fue muy difícil, sobre todo para Sofi. Tiempo después de marcharme, me contaron que había desarrollado ansiedad por separación: los perros son conscientes de todo y también sufren como nosotros. Pero ese tiempo allí fue milagrosamente sanador para mi alma y sé que, a pesar de aquel adiós, también lo fue para Sofi.

Ejercicio de reflexión

Piensa por un momento en las conexiones más profundas que has tenido en tu vida. No necesariamente tienen que ser humanas; un animal, un lugar o incluso un periodo de tiempo pueden transformarnos de maneras inesperadas. A veces también son experiencias turbulentas, pero de mucha intensidad.

¿Qué te enseñaron esas conexiones sobre ti mismo? ¿Hubo algo que te sorprendió descubrir de ti a través de ese vínculo? Si alguna de esas relaciones llegó a su fin, ¿cómo afectó su ausencia en tu vida?

Agradece las lecciones que te dejó, incluso si en su momento resultaron dolorosas. Reflexiona sobre cómo esa conexión te ayudó a crecer, a sanar o a descubrir aspectos de ti que no conocías. La vida siempre nos ofrece nuevas maneras de crecer y aprender a través de los demás.

Unos años después, cuando Sofi murió, yo ya estaba de vuelta en Madrid después de haber dado varios tumbos por otros lugares de Estados Unidos. Jamás la olvidaré. En mi interior, seguía estando presente la esperanza de que, en algún momento, conseguiría tener mi propio perro.

Era 2015 y estaba de nuevo viviendo en casa de mi abuela Isabel. La verdad es que no tenía ni idea de qué iba a ser de mí ni de qué iba a hacer con mi vida. Había estado casi tres años en Estados Unidos y no tenía ningún plan. La situación laboral en España no ayudaba nada y, honestamente, mi formación, idiomas y másteres tampoco supusieron mucha diferencia en el proceso de búsqueda. Pero, como ya sabes, soy una superviviente nata, eso sí que lo tenía bien entrenado.

Así que empecé a trabajar de diferentes cosas que fueron surgiendo: de profesora de inglés, en una tienda, gestionando la web de una marca de ropa, haciendo fotos, dando clases de estilismo y maquillaje... Hasta en un museo por las noches. Parte de la búsqueda de mi camino personal pasó por vivir experiencias muy variadas y, sin duda, considero que fue importante para entender que hay muchas maneras de vivir y que ninguna es más o menos correcta. Evidentemente, en muchas ocasiones me sentía fracasada por tener ciertos trabajos que no estaban a la altura de mi nivel de formación, pero esto me enseñó paciencia y humildad, ambas muy necesarias en el camino de la vida.

Solo llevaba un año y medio de vuelta en Madrid cuando mi abuela falleció. Lo más curioso es que, pese a que ella no estaba enferma, yo ya sabía que su muerte era inminente, incluso tuve ciertas premoniciones antes de que ocurriera. Así es como empecé a ser consciente del poder de mi intuición.

Volver a España y proponerme recuperar mi vida fue lo que realmente me ayudó. Además, traía conmigo esa maravillosa conexión que había experimentado con los perros durante mi estancia en Estados Unidos. Todavía no lo sabía, pero era una de las pistas de la vida diciéndome: «¿Querías una salida? Aquí la tienes».

La salida no pasa por encerrarse más, sino por abrirse al amor incondicional, el que siempre me había mostrado mi abuela.

5
La abuela Isabel

Mi abuela era única. Todos los abuelos son especiales, pero ella, independientemente de que fuera mi abuela, era una persona excepcional, de esas que realmente merece la pena conocer y que dejan huella.

Uno de mis mayores problemas, que no son pocos los que ya he ido enumerando, era que me sentía incapaz de admirar a alguien. Supongo que sentir admiración tocaba de alguna manera mi sensibilidad y por eso me resultaba más sencillo quedarme en la cabeza, en la frialdad racional. De manera inconsciente, acababa haciendo listas mentales de todas las cosas que esa persona no hacía bien y sus defectos (según yo) o los aspectos que me desagradaban. Básicamente, alimentaba sin parar mi mente para decirle: «¿Ves?, no es tan increíble como tú pensabas. No puedes admirar a esa persona».

La admiración también es una forma de amor, así que me convertí en la más crítica y dura del lugar como escudo de protección.

Focalizarse en lo negativo ayuda a desvincularse emocionalmente, y yo llegué a la errónea conclusión de que pensar algo así me evitaría sufrir. ¡Qué locura!, ¿no? Pensar hasta qué punto nos pueden afectar nuestras vivencias en la infancia y adolescencia que acabamos siendo personas que, en esencia, no somos.

El caso es que, contra todo pronóstico, sí había una persona a la que admiraba enormemente: mi abuela Isabel. No tenía estudios, no pudo ir al colegio y era una más entre sus once hermanos. Su padre, como buenamente pudo, le enseñó a escribir y leer.

Sus carencias eran muy evidentes y, cuando te dejaba alguna nota, escribía a su manera, con faltas de ortografía y tal y como a ella le sonaba la palabra, que además, siendo andaluza, te puedes imaginar cuál podía ser el resultado de aquello. El truco estaba en leerla poniéndole su acento del sur.

Su vida fue durísima, de esas vidas de antes, que ahora parece que solo vemos en Netflix, pero que en realidad no sucedieron hace tanto tiempo.

De joven, trabajaba en el campo recogiendo aceitunas, muy típico de esa época y más si vivías en Jaén. Así es como conoció a mi abuelo. Eran del mismo pueblo y él era un dandi de pies a cabeza.

Se llamaba Francisco. Yo jamás le conocí porque murió antes de que yo naciera. Mi abuela me contaba que no pasaba desapercibido, era esbelto, muy guapo y con los ojos verdosos. Una de las cosas que le caracterizaba era su incansable sentido del humor. De hecho, mi abuela siempre me decía que así fue como la conquistó, con sus bromas y sus canturreos por el pueblo a altas horas de la madrugada. En fin, otra vida, no como la de ahora: tenían menos de lo que tenemos hoy por hoy, desde luego, pero encontraban la manera de ser felices.

Además, durante un tiempo, como solía ser habitual en aquellos años, estuvieron separados, porque mi abuelo tuvo que ir a hacer la mili. Tras esto, y en búsqueda de una vida mejor, decidieron poner rumbo a Asturias, donde les habían dicho que había trabajo en la mina. ¡Fíjate de lo que estamos hablando! Uno de los trabajos más duros que puede haber.

Eran mediados de los años cincuenta y la hulla asturiana se había convertido en uno de los bienes más preciados; su producción llegó a suponer tres cuartas partes de la totalidad de la producción de carbón de España. Esto hizo que emigrara a Asturias muchísima gente de otras provincias, ya que había muchísimo empleo.

Allí se fueron mis abuelos, con una mano delante y otra detrás. Dos hijos que mantener y otra tercera en camino, porque mi abuela se quedó nuevamente embarazada. Este bebé era mi madre.

Sin embargo, esa búsqueda de una vida mejor dio un vuelco cuando mi abuelo tuvo un accidente en la mina. Se le cayó una piedra en la cabeza y «se le abrió en dos». Esa expresión no es mía, es de mi abuela.

En esa época, evidentemente, no había los recursos de ahora y le trasladaron a una especie de centro de unas monjas. No murió en el acto, así que mi abuela pudo ir a verle. ¿Y sabes cómo me dijo que lo encontró?

Sí, lo has adivinado, ¡haciendo bromas! Con la cabeza totalmente vendada y con un pie al borde de la muerte y, aun así, sonriendo y de buen humor. Eso es algo que se me quedó marcado para siempre. Y que en algunos de mis momentos más duros intento recordar.

Sé que para mi abuela tuvo que ser una de las situaciones más duras de su vida, ver a tu marido debatirse entre la vida y la muerte, con dos hijos y un bebé de apenas dos meses de edad y sin saber qué va a ser de ti. Mi abuelo terminó muriendo unas horas después, pues en esa época no había muchos recursos médicos para la gravedad de su traumatismo.

A partir de entonces, mi abuela tuvo que buscarse la vida como buenamente pudo.

Y, sin embargo, yo jamás la vi apagada, triste, negativa o venida abajo. Siempre estaba alegre, con una sonrisa espléndida y unos dientes superbién cuidados para su edad.

Sin duda tenía su carácter, pero esa buena actitud ante los problemas de la vida, ese instinto insaciable de supervivencia y esa capacidad a arremangarse ante cualquier situación eran fascinantes.

Pasara lo que pasara, ella siempre tenía buenas palabras. Se reía mucho, le encantaban las sevillanas, hacer rosquillas y arroz con leche e invitar a gente a casa. Siempre quería conocer a todas mis amigas y ellas también la adoraban por su cercanía y calidez. Te hacía sentir en familia nada más entrar por la puerta. Ella se convirtió en mi refugio seguro y, a su vez, sin saberlo, en mi mayor referente.

Sin embargo, tuvieron que pasar muchos años para que yo fuera consciente de todo esto y me diera cuenta de que **lo verdaderamente importante en la vida no estaba en los éxitos académicos, en las metas profesionales o en la cantidad de dinero que había conseguido ahorrar**. Todo eso era una tapadera que presionaba cada vez más fuerte para desconectarme de las emociones.

La vida se trataba de otra cosa, de saber hacer frente a los imprevistos que se presenten, que serán muchos, con el mejor estado de ánimo posible, de gestionar la incertidumbre, aprender a convivir con el dolor y aceptar la muerte como parte del proceso. Todo esto, aferrándote a lo único que puede dar sentido a todo: el amor incondicional.

A lo largo de mi vida he conocido a mucha gente que presume de ofrecer este amor sin límites a sus seres más queridos. No sé tú, pero yo me he llevado más de una decepción en este aspecto.

Para mí, en muchas ocasiones, más de las que me gustaría, ha sido palabrería barata que ha caído por su propio peso cuando la situación se ha puesto realmente fea.

Mi abuela, sin embargo, era uno de esos ejemplos de amor infinito, ese que sabes que, pase lo que pase, nunca te defraudará y que será capaz de entender y perdonar cualquiera de tus acciones o palabras desafortunadas. Haciéndote sentir a salvo, segura y contenida, porque, al fin y al cabo, en mi opinión, esa es la raíz de todo: que haya un sentimiento tan grande que sea la raíz que te sostiene cuando viene el huracán.

A raíz de la muerte de mi madre, ella se convirtió en uno de los pilares esenciales de mi vida. En esa época, el modo de salir adelante era «haciendo como si nada» y, como ya os he contado, en mi familia se generó un tabú en torno a aquello y prácticamente nadie volvió a hablar del tema.

Esto fue muy complejo de gestionar porque, aunque, por

un lado, sentía que mi abuela quería lo mejor para mí, me resultaba muy confuso. Era una sensación muy extraña, porque, la verdad, mi cerebro hizo un borrón y prácticamente no recordaba nada de esos años de mi infancia, así que, cuando hablaba de ella, parecía que hablase de una desconocida.

Mi abuela y yo estábamos muy unidas, como te he contado antes, vivíamos en el mismo edificio, así que la veía a diario; de hecho, ella se encargaba de llevarme a la guardería y de pasar muchas tardes conmigo. Al poco de fallecer mi madre, mi padre y yo nos mudamos a otro apartamento a unos minutos caminando de la casa de mi abuela. Estaba cerca pero ya no era lo mismo.

Cuando nos mudamos a Asturias la distancia afectó enormemente a nuestro vínculo y, a su vez, hizo que mi vacío fuera cada vez más grande. Me resultaba muy complejo tener que hacer frente a mi día a día, pero más aún hacerlo en un entorno desconocido y lejos de mi pilar principal.

De algún modo, este bloqueo emocional que experimenté con siete años se fue haciendo cada vez más grande y poderoso. Aunque podía hablar con mi abuela por teléfono, casi no podía verla, estar en su casa, ni sentir su apoyo. Era como estar a la deriva. Mi abuela era mi mejor amiga, a la que le contaba todo y con la que me desahogaba. Y eso había desaparecido.

Como ya os he contado, varios años después, cuando

terminé la universidad, volví a Madrid y me fui a vivir a casa de mi abuela. Estuve con ella unos tres años antes de mi época en Estados Unidos.

Tengo muy buenos recuerdos de esa época, hacíamos un montón de cosas juntas, pasábamos muchas tardes de charleta en el salón e íbamos a merendar a una de sus cafeterías favoritas. Le encantaba ir de tiendas y que le pintase las uñas. ¡Ah! Y también le gustaba mucho hacer fotos, siempre tenía su cámara preparada y, aunque la mayoría de las veces sacaba a la gente con la cabeza cortada, ella disfrutaba inmortalizándolo todo. Por eso, uno de mis momentos favoritos era cuando sacábamos los álbumes de fotos antiguos y le preguntaba por su vida, sus experiencias y algunas de sus vivencias con mi madre. Fue una de las últimas cosas que hicimos juntas.

Casualmente, cinco días antes de morir, estábamos en su salón haciendo justamente esto. Y me sucedió algo increíble que formaba parte de una cadena de eventos aún más sorprendente y para la que hoy en día todavía no tengo explicación racional.

Ya te he contado que siempre he sido muy intuitiva, aunque, a raíz de que me arrancasen la vida de cuajo a los siete años, esta parte quedó anulada y desde entonces desconfié enormemente de mi propio instinto. El caso es que, de vez en cuando, en ocasiones sumamente importantes, esa intuición afloraba.

Llevaba unos meses de vuelta en Madrid en la casa de mi abuela tras mis años viviendo en Estados Unidos. En principio, solo había venido para pasar el verano y mi idea era regresar, pero algo me decía que no era buena idea, que tenía que quedarme. No sabía muy bien por qué, pero sentí que debía posponer mi regreso. Como no terminaba de confiar en mi intuición, la puse a prueba y me dije a mí misma:

—Si encuentro un trabajo, entonces es la señal de que tengo que quedarme.

Dos días después, había encontrado un trabajo como profesora de inglés en un colegio de verano. Era la confirmación que buscaba.

Unos cinco meses después empecé a tener sensaciones muy extrañas. Me despertaba por la noche sobresaltada siempre a la misma hora, las tres de la madrugada, con la sensación de que a mi abuela le había pasado algo y con la creencia de que no podía respirar. Las primeras veces pensé que era simplemente una pesadilla. Las siguientes, empecé a cuestionármelo, y a levantarme a oscuras y acercarme caminando silenciosamente a su habitación hasta ponerme muy cerca de su almohada para comprobar si estaba respirando. Cuando notaba que era así, regresaba aliviada a mi habitación.

Estos episodios se dieron durante algo más de un mes y cada vez se iban intensificando más. Hasta el punto de que, durante el día, la casa me olía a «muerto», como a putrefacción. Sé que es muy loco todo esto que te estoy contando y yo misma no daba crédito.

Un día, cuando ya no podía más y la situación me desbordaba, decidí contárselo a uno de mis amigos más cercanos. Le llamé y le dije:

—Mi abuela se muere.

—Pero ¿qué dices?, ¿ha pasado algo? —preguntó alterado.

—No, no ha pasado nada, pero tengo un presentimiento. Me despierto casi todas las noches a la misma hora y la casa ha empezado a oler a muerto... Sé que es muy extraño, pero tienes que creerme —le rogué.

Una de las espinitas más grandes que tengo es no ser capaz de acordarme de la voz de mi madre, de sus gestos ni de sus expresiones. No quería que me pasara lo mismo con mi abuela. Así que, esa misma semana, durante una de nuestras charlas en el salón, decidí poner mi móvil a grabar desde una estantería sin decirle nada. No quería condicionarla para así poder inmortalizar ese momento de la manera más natural posible, y luego poder revivirlo siempre que quisiera.

Y eso sucedió cinco días antes de su muerte.

Esa semana mi abuela tenía algo de tos, pero ningún otro síntoma realmente preocupante. Como no cesaba, le sugerí que fuera al centro de salud para que le echaran un vistazo. Ese día yo estaba trabajando, así que mi tío, el hermano de mi madre, fue el que la acompañó. Tras la exploración, la doctora sugirió que se acercasen al hospital porque quería que echasen un vistazo en profundidad a los pulmones. Hasta aquí todo parecía normal y rutinario, no había sensación de urgencia.

Cuando llegaron al hospital, le comentaron que era mejor que se quedase allí en observación y que le asignarían una habitación tan pronto fuera posible. En mi descanso para comer fui directa a verla. Ella estaba sonriente y tan habladora como de costumbre.

—Pues nada, aquí me tienen, dicen que me darán una habitación pronto —me dijo, nada más verme, con una sonrisa de oreja a oreja.

—Qué bien —contesté—, ¿y tú cómo te encuentras?

—Muy bien, con un poco de tos, pero bien.

—Me alegro... ¿Necesitas que te traiga algo?

—Una botella de agua fresquita —respondió mientras se giraba a buscar su bolso para sacar el monedero y darme un euro para la máquina expendedora.

—No, no, no hace falta, ya te la compro yo —le dije rápidamente antes de que le diera tiempo a sacarlo.

Fui a por el agua, se la llevé y nos quedamos un rato charlando. Los médicos en ningún momento comentaron que la situación fuera grave o su estado delicado.

Esa tarde también vinieron sus hijos a verla, pero no se había avisado al resto de la familia porque, como os cuento, no era urgente. O eso parecía...

Cuando mis tíos se marcharon, yo también me despedí de ella, pero cuando salí del hospital, en vez de volver al trabajo, fui a su casa, en la que yo también vivía. Estaba muy nerviosa y notaba mis pulsaciones aceleradas. Entré en casa y fui al salón a coger una de las fotografías de mi madre que mi abuela siempre tenía en una mesita, al lado del sofá donde ella pasaba la mayor parte del tiempo.

La guardé en mi bolso, cogí un taxi y volví al hospital. Cuando me vio entrar, sorprendida, me dijo:

—Pero ¡bueno!, ¿qué haces aquí? ¿No tenías que ir a trabajar?

—No..., no te preocupes, vengo a pasar la tarde contigo. Y te he traído esto —dije mientras sacaba de mi bolso la foto de mi madre.

Pude ver cómo se le encharcaban los ojos y me preguntó:

—¿Para qué?

—Para que esté también con nosotras.

Esa fue mi última tarde con mi abuela. Esa misma noche, a las tres en punto de la madrugada, tuvo un fallo respiratorio.

Cuando me dieron el aviso y miré la hora en mi móvil, me dio un vuelco el corazón. Exactamente lo mismo que me llevaba semanas sucediendo. Corriendo, cogí un taxi y a toda velocidad conseguí, no sé bien cómo, llegar hasta la sala de reanimación donde la tenían. Ya era tarde. Le indujeron el coma y estuvo unas cuarenta y ocho horas hasta que finalmente falleció.

La vida es impredecible, mágica, sorprendente, y ese día recibí la confirmación de que hay infinidad de cosas que no podemos explicar y que van más allá de la razón. En ese momento sabía que no podía contarle lo sucedido a nadie, me iban a tomar por loca, pero hoy en día sé que la certeza que tenía en mi interior era tan potente que no había lugar a duda. Ni los médicos habían podido avisarnos de lo que yo llevaba presintiendo desde hacía meses.

Ejercicio de reflexión

¿Has tenido algún momento en el que percibiste una señal clara de la vida, como un presentimiento, una sensación o incluso algo que muchos podrían llamar coincidencia? ¿Qué hiciste entonces? ¿Confiaste en ello o lo descartaste?

Si lo ignoraste, ¿cómo te sentiste después? ¿Hubo algún desenlace que confirmó aquello que ya sabías en lo más profundo de ti? Si confiaste en esa intuición, ¿qué te enseñó ese momento?

La vida tiene una manera única de enviarnos mensajes. A veces se manifiestan en sueños, sensaciones físicas, señales externas o incluso en encuentros inesperados. Recuerda, la intuición no siempre grita; a menudo susurra. Solo tenemos que aprender a escucharla.

Volviendo a mi experiencia de precognición, lo curioso de todo esto es que aquella no había sido la primera vez. Ya me había ocurrido antes, lo que pasa es que había sido con animales, nunca con seres humanos.

Recuerdo un episodio similar que viví con un hámster que tenía. Estaba en mi habitación y fui a verle, como de costumbre. Solía tenerle casi siempre fuera de su jaula, correteando por la habitación. Cuando le cogí, noté que algo no estaba bien, aunque en apariencia todo estuviera como de costumbre. Pero yo sentía que algo fallaba. En ese momento, llamé a toda prisa a la hija de la pareja de mi padre y le dije:

—Ven, ven, corre. Algo le pasa, está raro…

—¿Por qué dices eso? No le pasa nada. Está normal —contestó ella.

—No, no, te lo digo de verdad, le pasa algo. Este hámster se muere.

—Pero ¿cómo se va a morir? Si está perfectamente —dijo con seguridad.

—En serio, se muere, se muere…

Unos minutos después, el hámster murió en mis manos.

Este episodio me pareció totalmente anecdótico hasta que sucedió lo de mi abuela. A partir de ese momento, volví a creer en el fascinante poder de la intuición. Esa a la que llevaba tantos años sin hacer caso. Pero no sería el único cambio en mi vida. Poco después, llegó Claire, y eso lo cambió todo.

6

Claire

Tenía veintinueve años cuando por fin llegó el momento que más había deseado y que llevaba visualizando una y otra vez desde niña. Siempre había sido como un sueño lejano que veía imposible que pudiera materializarse. Aun así, no perdía la esperanza, y la idea de tener un perro me daba fuerza para seguir con mi día a día.

El detonante, sin duda, fue la muerte de mi abuela. Esto fue un catalizador de todos mis procesos internos y deseos. De alguna manera, volví a revivir la muerte de mi madre, pero esta vez desde la perspectiva adulta y también mucho más consciente de lo que la pérdida suponía, y más aún cuando mi abuela era la persona a la que más unida estaba.

Llevaba años preparándome para este momento, pero nunca se está suficientemente lista para dejar machar a la persona que quieres. Además, como no tengo hermanas ni tías, con ella también moría mi linaje femenino; ahora, toda esa energía recaía en mí. Necesitaba aprender a sostenerme y ser mi propia madre.

Por otro lado, aunque parezca contradictorio, haber estado esos casi dos meses recibiendo esas señales y avisos tan fuertes me había servido para allanar un poco el terreno. Recuerdo que uno de esos días, de noche, antes de que ocurriese, lloré desconsoladamente durante horas, liberando todo el dolor y la presión que tenía en el pecho. Esa noche, lloré mil veces más que el día de la muerte de mi abuela. Cuando llegó, aunque con el alma partida en dos, a la vez me sentía tranquila, en paz y agradecida por todo lo vivido a su lado y, sobre todo, por haber podido pasar esa última tarde con ella.

El caso es que, durante los meses posteriores, no podía dejar de pensar en la idea de tener un perro. Cada día que pasaba ganaba más fuerza. Estaba obsesionada con los vídeos de perros en Instagram, podía pasarme horas viéndolos. Era lo único que calmaba mi dolor y que me hacía sonreír por algunos instantes.

Lo tenía claro: debía tener un perro como fuera. Ahora ya era adulta y, aunque tampoco tenía mucha estabilidad económica y vivía con cuatro camisetas y cuatro pantalones que tenía en el armario de la casa de la pareja con la que lleva unos cinco meses, no me importaba, mi objetivo estaba claro.

Empecé a leer muchísimo sobre el duelo y los perros de terapia, más en concreto sobre los golden retriever y los labradores, que son los que comúnmente se usan con este fin por su temperamento y aptitudes. Entonces me acordé de *Punky Brewster*, una de mis series favoritas de la infancia. Unos meses después, localicé a una familia que iba a tener una camada. Les contacté y expliqué mi situación, que ellos entendieron a la perfección.

Los meses de espera se hicieron eternos. Nunca antes en mi vida había estado tan emocionada por nada. Los últimos días casi no podía pegar ojo. Por fin, un 16 de septiembre, nació Claire.

¿Y sabes qué día es ese? El día del cumpleaños de mi madre. ¿Cuántas posibilidades había? Una entre 365... ¡la magia de nuevo! El universo mandándome señales. Yo tenía claro que mi madre y mi abuela querían decirme que estaban a mi lado y que, por fin, podría empezar a abrir mi corazón de nuevo. Y ahora, tendría a alguien que me acompañaba.

Lo cierto es que no tenía ni idea de cómo vivir con un perro, pero, como soy curiosa por naturaleza y ya sabes que eso de estudiar lo tenía muy bien practicado, empecé a leer un montón de libros sobre perros y a ver no sé cuántos vídeos en YouTube. Me hice un máster en tiempo récord. Cuando llegó Claire a casa, tenía mi propio *planning* semanal de lo que debía hacer en cada una de sus etapas de cachorro. ¡Qué felicidad, qué felicidad! **Ese día, todos mis problemas se esfumaron de golpe: solo sentía plenitud y una ilusión desbordante.** Todo lo demás no importaba.

Las primeras semanas tampoco podía dormir porque solo quería estar con ella, observarla, achucharla y acariciarla. A la hora de comer, salía corriendo de la oficina para poder verla ese ratito, y por la tarde, también llegaba en tiempo récord para disfrutar del máximo tiempo posible a su lado. Jugábamos, practicábamos diferentes trucos y habilidades, y me reía, me reía mucho. No necesitaba nada más en la vida.

A veces no podía evitar pensar que ojalá hubiera tenido un perro antes. A lo mejor, ese dolor de mi infancia y adolescencia habría sido más llevadero, habría encontrado algo por lo que luchar y un ser vivo al que amar. **No era consciente del poder sanador tan maravilloso que tienen los perros y aquí empezó, sin duda, mi mayor transformación.**

Conforme fueron pasando los meses, yo también fui evolucionando y me di cuenta de que ya no era la misma persona. Tener perro me estaba cambiando. Ahora me sentía más feliz, sonreía más, estaba de mejor humor e incluso tenía más ganas de socializar.

Claire me ayudó a salir de esa cueva que cuidadosamente había construido.

Salir a la calle era toda una aventura y con una cachorrita tan tierna a mi lado era imposible caminar más de dos metros sin que alguien te parase. Fui de casi no querer hablar con nadie y estar años encerrada en casa a pasar horas y horas en los parques. Después de años sin encajar y sintiéndome un bicho raro por todo lo que había tenido que vivir, había encontrado mi lugar. Y qué importante es encontrar tu espacio seguro y eso que te llena tantísimo el corazón que no da más de sí.

Tengo millones de anécdotas y recuerdos divertidos de esos primeros años. Recuerdo la primera vez que Claire tuvo que bajar unas escaleras. Sus orejotas colgaban y miraba dubitativa el siguiente escalón. Sus patitas eran tan pequeñas que casi no alcanzaba, así que se aproximaba temerosa al borde hasta que finalmente daba el paso. Yo estaba abajo del todo animándola sin parar con efusividad.

Otro día, descubrió los hielos y se volvió completamente loca al intentar atraparlos sin éxito, mientras se le escurrían por el suelo y entre sus patas. Era fascinante y muy divertido ver cómo iba descubriendo el mundo, con esa ingenuidad tan bonita que yo había perdido hacía muchos años.

El primer viaje en coche fue toda una experiencia para mí porque jamás había tenido que viajar con perro, así que llevé mil cosas «por si acaso» y le puse una mantita en el asiento trasero (todavía no había descubierto las fundas protectoras para los asientos del coche) y un arnés especial para el coche. Toda mi preocupación se esfumó cuando a los pocos minutos Claire estaba durmiendo como una marmota.

Ir a la playa por primera vez también fue uno de los momentos más bonitos que recuerdo. Claire siempre ha sido un poco miedosa, pero desde el principio intenté exponerla a todas las situaciones diferentes posibles, ruidos, personas, texturas, etc. La playa era un mundo sin explorar. Nada más llegar se puso a correr por la arena y, al acercarse a la orilla, salía corriendo y dando saltitos hacia atrás cuando se aproximaba el agua. Poco a poco fue ganando confianza y hoy en día es toda una nadadora experimentada. «Modo foca», como digo yo. ¡Hasta es capaz de bucear! La gente se queda alucinada.

Todos estos momentos me fueron permitiendo conectar con aquellas experiencias vitales que de alguna manera la vida me había arrebatado, y mi niña interior empezó a descubrir a través de la mirada de Claire que había otra manera de vivir.

No solo por los momentos divertidos, sino por sentir que era lo más importante para alguien, aunque, en este caso, ese alguien fuera mi perrita. Ese sentimiento me dio una fuerza descomunal para poder hacer frente a cualquier situación que se presentase. Cuando tenía crisis de ansiedad, algo que había sido recurrente en mi vida, el simple hecho de poder tumbarme a su lado, jugar, acariciarla o llevarla al parque me ayudaba a relativizar y me contagiaba su energía positiva. ¡Quién me lo iba a decir a mí!

Ejercicio de reflexión

El vínculo con Claire ha marcado un antes y un después en mi vida. A través de ella, descubrí que el dolor y las experiencias pasadas no tenían por qué definir quién era, y que el amor incondicional, el verdadero, no juzga ni exige, solo es.

Ahora quiero que reflexiones sobre tu propia historia. No importa si has tenido un perro o no, este ejercicio trata sobre aquellos vínculos que han cambiado la forma en que ves el mundo y a ti mismo.

1. Piensa en un ser (persona o animal) que haya llegado a tu vida en un momento en el que lo necesitabas sin saberlo.
   a. ¿Quién es esa persona o ese animal?
   b. ¿Cómo influyó en tu vida y qué impacto tuvo en tu manera de ver las cosas?

   c. ¿De qué manera su presencia te ayudó a sanar o transformar una parte de ti?

2. Escribe una carta a esa persona / animal agradeciendo todo lo que ha significado en tu vida.
   a. No te preocupes por la estructura ni la forma. Simplemente deja que las palabras fluyan.
   b. Exprésale cómo te sentías antes de conocerlo y cómo te sientes ahora.
   c. Si esa conexión aún sigue en tu vida, piensa en cómo puedes fortalecerla aún más. Si ya no está, honra su legado recordando todo lo que te enseñó.

3. Cierra los ojos y visualiza el momento en que esa presencia fue más significativa para ti.
   a. ¿Qué emociones surgen?
   b. ¿Qué puedes hacer hoy para llevar contigo esas enseñanzas en tu día a día?

A veces, los regalos más grandes de la vida vienen en formas inesperadas. Algunos vínculos llegan para sostenernos en los momentos más oscuros, y otros, como Claire en mi caso, para recordarnos que el amor no se trata solo de recibir, sino de entregarnos por completo, sin miedo.

Era como si ella me estuviera enseñando que yo no era esa Alba llena de ira, rabia, odio, frustración y tristeza. Que había mucho más. Que ese enojo a modo de escudo protector había sido lo único que me había ayudado a sostener la sensación de pérdida y abandono durante todo este tiempo, pero que ahora podía poco a poco dejar espacio para otras partes de mí misma que no habían podido florecer hasta ese momento.

Claire me recordó que yo no era eso, que tenía mucho amor que ofrecer al mundo y que había otra Alba dentro de mí que podía vivir, soñar y ser feliz «sin el trauma».

Esa versión de mí que creía que me representaba no era real, solo era una parte y yo tenía el poder de poder transformarla, no para hacerla desaparecer, sino para poder verla desde otro enfoque; lo que pasa es que, hasta este momento, no había sido capaz de cambiar el punto de vista.

Para mí fue realmente fascinante sentir este poder transformador a través del vínculo con Claire, en especial teniendo en cuenta que yo venía de todos esos lugares tan oscuros donde mi mente y corazón se habían refugiado.

También aprendí que las cosas son. Es decir, que no son ni buenas ni malas, simplemente son. Era mi cabeza la que ponía constantemente la etiqueta innecesaria. Claire vive en el presente, no juzga, solo observa, disfruta, juega cuando toca y descansa cuando conviene. Ella me ha enseñado a no cuestionar. La observo y veo que simplemente es, en presente, en el ahora, algo que yo desconocía y que, en el fondo, es la esencia de la vida.

La llegada de Claire también trajo consigo muchos retos. Sinceramente, no imaginaba que, después de tantos años deseando este momento, mi perrita fuera a estar enferma. Fue un gran golpe, no te voy a engañar. Pero ahora, varios años después, me siento afortunada de haber podido acompañarla y cuidarla. De nuevo, creo que la vida nos puso en el camino por un motivo, y ese amor infinito que llevaba guardado bajo llave estaba esperando la ocasión idónea para poder expresarse.

Desde los primeros meses empezó a tener muchos problemas de salud, digestivos, retraso en el crecimiento y dermatológicos. Además de alguna intoxicación accidental que casi se la lleva por delante.

Cuando Claire cumplió tres años llegó lo más complicado. Un día vi que tenía muchas legañas. Se las limpiaba y le volvían a salir. Fui al veterinario agobiada porque no mejoraba.

—Tenemos que ponerle antibiótico, parece conjuntivitis —me dijo la veterinaria.

—Vaya..., a ver si mejora —contesté, y salí de allí con las pautas que me había sugerido.

Durante varios días estuve aplicando el tratamiento que me recomendaron, pero algo me decía que la cosa no pintaba bien. No terminaba de mejorar. Finalmente, decidí sugerirle a la veterinaria que consultásemos con un oftalmólogo. Tras la revisión, se confirmó que algo no marchaba como debía. Le diagnosticaron síndrome de ojo seco de causa autoinmune y me explicó que también estaba relacionado con los problemas de piel que padecía desde cachorro. Me contó que era una enfermedad complicada porque no tenía cura como tal: simplemente requería muchos cuidados y atención.

Aquí se inició uno de los mayores aprendizajes que he tenido en la vida. Estar en el perfil de cuidadora, en realidad, me estaba conectando con toda esa energía femenina de mi linaje de la que te hablaba antes. ¿Ves como todo está conectado? Evidentemente Claire no es una hija humana, pero mi entrega, dedicación y protección eran similares a ese instinto maternal. A través del vínculo con Claire descubrí que yo también podía cuidar a otros, que podía maternar y que, mientras lo hacía, estaba siendo mi propia madre, cuidando de mí misma, llevando a mi abuela y a mi madre conmigo.

Y, además, mientras las honraba, estaba sanando mi vacío al permitirme abrirme al amor.

Por desgracia, Claire empezó a empeorar a pasos agigantados y tengo que reconocer que la angustia durante mucho tiempo fue horrible.

7
La enfermedad

Los siguientes meses fueron demoledores. Lo que inicialmente parecía una enfermedad que solo requería ciertos cuidados diarios se empezó a complicar. Casi de un día para otro le salió la primera úlcera en uno de los ojos. Una úlcera es como si fuera una pequeña herida, pero en este caso en el tejido ocular, con la tesitura de que no se puede tapar y hay que esperar a que vaya cerrando sola. Lo único que se podía hacer era aplicar antibiótico para prevenir a toda costa que la infección fuera mayor.

Esto, además, nos coincidió con nuestra mudanza de Madrid a Asturias, y ya sabes que los perros lo perciben todo. Ellos tienen una sensibilidad única que va más allá de las palabras: simplemente saben cuándo algo no cuadra. Te diré que, además, este proceso fue impresionante porque a nivel personal llevaba varios meses con muchos altibajos en mi relación de pareja, idas y venidas, cambios de rutina y alguna discusión en casa... Todo eso, por supuesto, Claire lo notaba.

Honestamente, creo que ella siempre intentó decirme, a su manera, que ese no era mi camino, pero, como todo en la vida, hasta que no lo ves por ti misma, no importa lo alto y claro que te lo digan. Y si lo piensas, en realidad, tampoco hacen falta las palabras.

Cuando tienes una conexión real, la otra persona (o perro en este caso) es capaz de oírte incluso aunque no estés diciendo nada.

Ella era consciente de que no me sentía cómoda. Con esto no quiero decir que aquella situación personal estuviera directamente relacionada con su enfermedad: simplemente, que las emociones muchas veces se expresan a través del cuerpo. Eso me había pasado toda la vida y ahora lo estaba viendo desde fuera a través de mi perrita.

Desde niña he tenido una facilidad pasmosa para somatizar mis emociones. Creo que empezó a pasarme a partir de los cuatro o cinco años, no recuerdo si antes también ocurría. Se daba incluso con situaciones aparentemente sin importancia, como una excursión del colegio, la fiesta de fin de curso o algún evento que fuera mínimamente extraordinario. Los días previos sentía tanta tensión e incertidumbre que al final, el día de antes, terminaba con fiebre o con infección de garganta o de oídos. También recuerdo ir a la cocina a esa edad diciéndole a mi madre que me dolía la cabeza. Pues te diré que, hasta que no fui más mayor y empecé a cuestionarme el origen de mis dolencias, no fui consciente de que eso no era para nada normal.

Con la edad, y ya de adulta, me di cuenta de que para sentirme tranquila necesitaba tenerlo todo «bajo control», pero resulta que eso es incompatible con la vida. **La vida es cambio constante y transformación e intentar controlarlo todo es como querer atrapar el aire en un frasco de cristal.** Todo lo ocurrido me había impedido tener una tierra firme en la que pisar, algo a lo que agarrarme que me diera estabilidad y seguridad. La muerte de mi madre, los cambios, la mudanza, una familia nueva, una ciudad desconocida, la distancia con mis abuelas y la soledad. Cada vez que había algún cambio, aunque por fuera nadie lo notaba, mi cuerpo sentía el miedo y lo expresaba a través de la enfermedad.

Con los años los síntomas cambiaron y aparecieron unos nuevos, problemas digestivos, dolores de cabeza más acentuados, migrañas con parálisis de medio y pérdida del habla, dolores articulares insoportables por las noches, problemas hormonales y un largo etcétera.

¿Te suena de algo todo esto que te cuento y la trayectoria de Claire? Curioso, cuanto menos, curioso...

Por eso, cuando la cosa se torció con sus problemas de salud, me llevó inevitablemente a un proceso profundo de reflexión donde empecé a atar cabos y entendí la razón por la que Claire había llegado a mi vida.

Dejé de vivir su enfermedad desde la tristeza, la rabia y la angustia. Dejé de preguntarme, ¿por qué a mí?, ¿acaso no he sufrido ya suficiente? Para entender que lo que ella me estaba ofreciendo era un regalo. Se estaba sacrificando por mí, estaba aguantando muchísimo dolor, los antibióticos, las operaciones, la pérdida progresiva de visión, y todo para que yo pudiera abrir los ojos.

El problema vino porque, contra todo pronóstico, la úlcera de Claire no se cerraba. Algunos días parecía que mejoraba un poco, pero luego volvía a recaer. Seguía a rajatabla todas las pautas de medicamentos, pero nada parecía surtir efecto. Al fin, pasados unos días, vimos que la úlcera empezaba a mejorar.

—Uf, menos mal..., la verdad es que ya no sabía qué más hacer —le dije preocupada a la veterinaria.

—Sí, se ha complicado mucho y ha tardado más de lo

habitual. Esperemos que se estabilice —contestó con cierta cara de preocupación.

—Sí, yo también lo espero —le dije con esperanza.

Unas semanas después, le salió una úlcera en el otro ojo. No me lo podía creer, ¿cómo era posible? Desesperada volví a la veterinaria. Retomamos el tratamiento anterior, pero ahora, con el otro lado. Los días avanzaban y la úlcera se hacía cada vez más profunda. Llegó un punto en el que la veterinaria no vio más alternativa.

—Tenemos que operar cuanto antes —dijo de manera apresurada. Podía notar por su expresión que la situación no pintaba muy bien.

—Vale, operemos —le respondí.

Al día siguiente entró en el quirófano y le cosieron el tercer párpado para que pudiera mantener el ojo cerrado y esto favoreciese el proceso de cicatrización. Se me partió el alma al verla salir de allí, todavía grogui, con la vía puesta en una de sus patas y el ojo cosido. Era muy impactante.

Las siguientes semanas consistieron en muchísimos cuidados y un horario digno de hospital. Tenía montada una enfermería en mi salón con todos sus medicamentos y mi *planning* por horas. Cuando lo recuerdo todavía me parece imposible que fuera capaz de llevarlo a cabo, pero lo hice. Es cierto que en esa época tenía la suerte de estar trabajando desde casa y eso me permitía poder atenderla, así que, en cierta medida, me sentía afortunada. Sin embargo, era realmente complicado poder seguir con mi rutina y concentrarme en el trabajo cuando mi perrita estaba sufriendo de esa manera y con la angustia de no saber si acabaría perdiendo alguno de los ojos.

Esta fue la primera operación de un total de seis. Tras esa úlcera, le volvió a salir una en el otro ojo. Cuando parecía que uno de los ojos estaba cicatrizando, el otro empeoraba. La problemática radicaba en la alta sensibilidad de Claire a los medicamentos e ingredientes sintéticos, su organismo los rechazaba, así que no se podían utilizar los tratamientos habituales para esta patología. Nuestra veterinaria siempre nos ha dicho que el caso de Claire ha sido uno de los más complejos de toda su trayectoria profesional.

Tal fue el punto de desesperación que tanto ella por su lado como yo por el mío empezamos a contactar a otros especialistas en oftalmología de España para contarles el caso de Claire y ver si a alguien se le ocurría alguna alternativa. Así fue como decidimos trasladarnos en coche desde Asturias hasta Barcelona para llevarla a uno de los veterinarios recomendado por nuestra oftalmóloga que, a su vez, formaba parte de la universidad.

Pero ya sabes que la vida siempre sorprende. Esa noche, tras nuestra llegada, vi que uno de los ojos de Claire había empezado a empeorar rápidamente. La úlcera estaba muy profunda y literalmente podías ver un agujero en su córnea. Muy asustada, llamé a nuestra veterinaria y le mandé fotos y vídeos al instante. Nada más verlo me dijo:

—No puedes esperar, está muy mal, tienes que llevarla de urgencias mañana mismo en cuanto puedas —me dijo con voz agitada.

—De acuerdo, lo haré. ¿Y si no pueden hacer nada? —pregunté.

—Seguro que algo pueden hacer. Llévala cuanto antes.

No pegué ojo en toda la noche. En cuanto abrieron la clínica oftalmológica llamé a toda prisa y les conté lo que ocurría. Un par de horas después ya estábamos allí. Nada más ver su estado me dijeron que tenían que operar de inmediato. Lo raro de todo esto es que esa úlcera estaba cicatrizada, y en cuestión de horas se volvió a abrir y se produjo esa enorme perforación. La veterinaria decía que era como si en minutos se fuera «comiendo la córnea». No había visto nunca nada igual.

La clínica de Barcelona a la que fuimos tenía fama a nivel europeo, así que intenté a toda costa tranquilizarme pensando que, al menos, estábamos ante uno de los veterinarios con más recursos del país. La factura, como te podrás imaginar, también fue proporcional. Desde que había empezado todo este proceso ya llevábamos gastados unos siete mil euros. Pero te digo que nunca, nunca, nunca había invertido mejor mi dinero. Lo que fuera con tal de que mi perrita dejase de sufrir y encontrasen alguna alternativa.

La operación fue larga y la espera, la que se me ha hecho más eterna en la vida. No pude ni comer. Cuando fuimos a por ella estaba ensangrentada y con el ojo cosido, una vez más. Y así estuvimos meses. Podía notar las miradas de la gente cuando íbamos por la calle porque, sinceramente, no era agradable de ver. Nos solían parar para preguntarnos si había perdido los ojos, ya que, al estar cosido, solo se veía el tejido rosado del tercer párpado, el ojo estaba detrás. Con esto creo que te puedes hacer una idea de la apariencia que tenía.

Aun así, cada vez que salía de la anestesia, ella estaba contenta, quería comer, estar conmigo, pasear..., y, pese a tener el ojo cosido, e incluso en alguna ocasión tener ambos con sutura y una leve apertura para que pudiera ver algo, ella estaba contenta. Una vez más, me estaba dando una lección maravillosa de fortaleza, de aguante y de supervivencia. Me mostró que no podemos evitar que nos ocurran cosas desagradables, del mismo modo que tampoco podemos prevenir por completo una enfermedad, pero lo único que nos queda es nuestra actitud y cómo intentamos sobrellevar lo que el universo nos presente.

Ejercicio de reflexión

Nos cuestionamos el «¿por qué a mí?», buscamos respuestas en lugares vacíos y muchas veces no logramos ver más allá del dolor. Pero ¿y si el sufrimiento nos estuviera dejando un regalo oculto?

Me gustaría invitarte a que te tomes un momento para reflexionar: ¿has enfrentado alguna situación que, aunque dolorosa, terminó transformándote de manera positiva?

Ahora, escribe una carta a ese «yo» del pasado que atravesó ese momento difícil. ¿Qué le dirías? ¿Qué regalo te trajo esa vivencia?

Como sabes, uno de los momentos que más felicidad le daban a Claire era ir a la playa. Y yo quería hacer todo lo que estuviera en mi mano para que, dentro de todo este sufrimiento, pudiera tener momentos de plenitud, así que conseguí unas gafas especiales para perros de una marca de Estados Unidos. Durante varias semanas estuvimos haciendo ejercicios de habituación en casa, primero dejando que las oliese y se acercase, luego colocándoselas durante unos segundos sin abrochar, después abrochando las gafas y manteniéndolas puestas un poco más de tiempo, y así progresivamente hasta que conseguí que las tolerase.

Cuando ya estuvo preparada y familiarizada, nos fuimos a la playa con nuestro kit de buceo, como decía yo, «buzo Claire» en acción. La gente alucinaba al verla y pensaba que era de broma o que le había puesto unas gafas mías. Cuando les explicaba el motivo, se quedaban aún más impresionados.

Desde el inicio de su enfermedad ocular hasta la última operación pasó un año. Sí, como lo oyes, un año con todas estas idas y venidas y viviendo prácticamente en el veterinario con una angustia descomunal. Por las noches, al mínimo ruido me levantaba para ver si estaba bien. Fue agotador, pero lo volvería a hacer mil veces. Ella me necesitaba y yo tenía que hacer todo lo posible.

Aquí entendí que el amor no tiene límites y que tampoco entiende de especies. Ella es mi familia y quería estar a su lado.

Sé que, si hubiera caído en otras circunstancias o familia, probablemente ya no estaría aquí y el final de la historia habría sido muy diferente. Por eso, pese a todo, tengo la certeza de que estábamos destinadas a encontrarnos. Toda esa fuerza y esas ganas de entregar amor que tenía acumuladas se multiplicaron por mil con la llegada de Claire. Se había convertido en el motor de mi vida y en lo único que me daba ilusión.

Y aquí viene otra parte fascinante de este entramado perfecto. Tres años antes, decidí abrir un perfil en Instagram donde empecé a compartir mi día a día con Claire, sus aprendizajes, rutina de cuidados y nuestros viajes. Siempre me ha encantado hacer fotos y vídeos, y, como Claire era lo más importante de mi vida, poder compartirlo con el mundo me hacía sentir muy plena.

En ese momento tendríamos una comunidad de unos treinta mil seguidores. Yo seguía fiel a mi estilo, como siempre había hecho, y me lo tomaba como parte del juego. No le daba demasiada importancia. Para mí, lo importante era pasar tiempo con Claire y, de manera colateral, mostrar nuestro vínculo al mundo. Porque cuando alguien se siente feliz, no hay nada más gratificante que poder compartirlo.

Como ya te he contado, la vida me ha ido demostrando que todo está conectado de alguna manera y que todas las situaciones tienen un aprendizaje oculto, algunas veces más visible que otras.

En los peores momentos de la enfermedad de Claire la comunidad se volcó. Nos llegaban mensajes de cariño a diario, nos preguntaban cuando nos encontraban por la calle e incluso nos ponían en contacto con veterinarios. Sentir todo este apoyo fue maravilloso. Por primera vez, gracias a Claire, ahora ya no me sentía sola, y, pese al dolor y agotamiento que tenía, sabía que mucha gente me acompañaba. Este fue otro de los regalos que ella me trajo. Me estaba dando la oportunidad de poder vivir el sufrimiento con una mirada llena de gratitud.

8

Las redes sociales

Si alguien me hubiera dicho hace años, cuando intentaba ser la mejor de la clase, que acabaría compartiendo contenido en redes sociales, me habría reído mucho. Para empezar, porque en aquella época ni siquiera existían las redes sociales, solo teníamos el famoso Messenger. Y tampoco tenía móvil. La vida era muy diferente a la de ahora y tengo que confesarte que muchas veces fantaseo con volver a esos años.

No por mi angustia y ganas de morir, que eso no lo echo de menos, claro, sino porque, a pesar de todo lo bueno que me han traído, reconozco que a veces esta realidad de la sobreexposición a la que nos someten las redes sociales me supera un poco. Te preguntarás por qué, cuando acabo de decirte que a mí mis seguidores me sostuvieron en los horribles momentos que atravesamos Claire y yo durante su enfermedad.

Una reflexión que tengo frecuentemente, sobre todo a lo largo de mis años de terapia y trabajo del trauma, es que yo no habría sido capaz de poder salir adelante si en esa época hubieran existido las redes sociales y toda esa sobreexposición. Ya era suficientemente doloroso tener que continuar tu vida y seguir en este plano cuando no encuentras ningún motivo para hacerlo y todo te parece una mierda, como para estar expuesta a las críticas y comentarios inoportunos de los demás, y a eso, sumarle el hecho de ver las vidas aparentemente perfectas de los demás, mientras, por supuesto, tú también sigues aparentando que todo va fenomenal con la tuya.

Es absolutamente de locos.

Imposible.

No habría podido soportarlo.

Por eso, ahora que además la creación de contenido forma gran parte de mi día a día (por cierto, gracias infinitas por tu apoyo si nos conoces por las redes), no puedo dejar de pensar en esas niñas y adolescentes que estarán en sus habitaciones sintiéndose como yo me sentí, con sus problemas y circunstancias familiares únicas, pero, además, en la jungla de las redes sociales. Pensarlo hace que se me estremezca todo el cuerpo.

Creo que es difícil de regular porque ya se nos ha ido un poco de madre, pero, si me preguntan, diré que considero que sería necesario limitar su uso de algún modo y que los adolescentes entiendan que hay vida más allá de las redes sociales. Incluso meter los móviles bajo llave al llegar al colegio o instituto me parece una buena medida. Es más, en muchísimas ocasiones he imaginado lo increíble que sería que existiera un lugar en la naturaleza, tipo hotelito enfocado en hacer retiros, pero no un retiro al uso: uno de desintoxicación digital donde los móviles y ordenadores estén terminantemente prohibidos. Donde además hubiera muchos, muchos, muchos perros, y pudieras darles de desayunar, pasear con ellos, bañarte en el río... Sería increíble. ¿Te vendrías?

El caso es que creo que vivir en un mundo con tanta exposición y comparativa constante no es fácil. Nuestra mente nos puede jugar malas pasadas y, por eso, es importante volver a tierra. En mi caso, por un lado, las redes me permitían distraerme y trasladarme por un rato a un mundo donde no había problemas. Bueno, más bien, donde mis problemas no estaban presentes, más que nada porque dedicaba la mayoría del tiempo a ver vídeos de perros jugando, corriendo, probando comidas nuevas o haciendo cualquiera de las fascinantes ocurrencias que tienen. Eso sí que era terapéutico. Pues ahora imagínate que eso lo tienes en carne y hueso en tu casa todos los días. ¿No dejarías de trabajar? ¿No pararías toda tu vida por pasar el mayor tiempo posible con esa bolita adorable que hace que todos tus problemas desaparezcan y que la vida, por fin, tenga algo de sentido?

Por eso, uno de mis mayores anclajes para encontrar mi centro ha sido Claire. Ella siempre me ayuda a reconectar con el presente y con la vida real, esa que no está en las redes, esa que se palpa, se huele, se siente y se saborea. Y, sobre todo, me ha devuelto la alegría y ha tenido el poder de hacer desparecer toda la mierda que venía arrastrando desde hacía años.

Está claro que esa felicidad es temporal y que toda mi sombra sigue conviviendo conmigo, pero estar con ella me ayuda a combatir al dragón. Claire contra el dragón, ¿quién ganará? Tendrás que espera a los siguientes capítulos para descubrir cómo avanza la historia.

Volviendo a las redes sociales, aunque ya han pasado ocho años desde que empecé en este mundo loco digital, jamás había durado tanto tiempo en ninguno de mis trabajos. Nunca he perdido el norte y eso se lo debo, una vez más, a ella.

Los perros tienen ese maravilloso poder de recordarte que la vida se vive despacio y en el momento presente.

Que no hace falta aparentar porque no hay juicio. Y ya sabes que yo llevaba toda una vida aparentando. Exactamente veintidós años. ¡Qué barbaridad! Pero, sobre todo, qué agotador.

En realidad, era mucho más sencillo fingir que todo iba bien y, mientras tus profesores, tu entorno o tu jefe de turno estuvieran contentos, no había de qué preocuparse, cuando, en realidad, eso era una olla a presión que podía estallar en cualquier momento. Y claro, como era previsible, estalló.

Antes de la llegada de Claire, la tristeza, la ansiedad y la angustia convivían conmigo. Ya te he contado lo de los pensamientos suicidas de la adolescencia. Y ya sabes que la peor parte venía cuando salía el dragón. Ahora ya no me siento culpable por ello, aunque durante muchísimo tiempo sentí que algo dentro de mí estaba roto. Pues claro que lo estaba. ¿Cómo no iba a estar rota después de lo que había ocurrido?

Terminas recomponiéndote, a tu manera. Como las vajillas japonesas del estilo *wabi-sabi*, para encontrar tu propia belleza imperfecta forjada con el paso del tiempo. Algo así era como yo me sentía.

El caso es que, cuando estoy con Claire, no tengo que demostrarle nada a nadie, a ella no le importa si hago las cosas mejor o peor, si tengo éxito o no o si me arreglo más o menos. No tengo que aparentar estar bien, ni poner buena cara, ni disimular. ¿Sabes lo que es eso?, ¿lo has sentido alguna vez? Después de tantos años de interpretación maestra como modo de supervivencia, poder bajar los hombros un rato te genera tanto alivio que ni siquiera sabes cómo comportarte porque se te hace muy raro no sentir ese peso sobre ti.

A ella lo único que le importa es que pasemos tiempo juntas. Y parece una tontería, pero ¿con cuánta gente en tu vida te has sentido realmente así? Libre, sin juicio y con la confianza de que ese amor incondicional no va a desaparecer. Con quienes puedes ser tú misma. Sinceramente, yo no me había sentido así con prácticamente nadie.

Esta aventura de las redes sociales me llevó a terrenos totalmente desconocidos para mí. Lo que empezó por puro entretenimiento se acabó convirtiendo en una familia virtual de amantes de los perros. Y fíjate lo curioso de todo esto: las redes sociales, sin buscarlo, me permitieron encontrar un complemento a mi vida profesional, con la cual me sentía muy insatisfecha desde hacía tiempo. ¿Te acuerdas cuando te decía que las casualidades no existen? Pues aquí viene otra historia.

Como ya te he contado, siempre me ha costado encontrar mi sitio, y mis circunstancias no lo han favorecido. Con los trabajos me ocurrió algo similar. Era un arma de doble filo: por un lado, trabajar me ayudaba a centrarme en otras cosas y «olvidarme» de que mi vida no era lo que yo quería o lo que hubiese deseado. Muy parecido a lo que viví con los estudios. Pero, a su vez, la frustración era proporcional a las horas que dedicaba, porque, en lo más profundo, seguía sintiéndome vacía. No tenía un propósito, y sin propósito iba a la deriva.

No es nada fácil descubrir cuál es tu llamado o qué se supone que tienes que ofrecer al mundo. Siempre me he sentido muy perdida en cuanto a esto. Pese a que, en teoría, el entorno siempre te sugiere que tu camino vital está relacionado con aquello que aparentemente se te da bien a nivel académico, yo, la verdad, creo que no siempre es así. A mí me confundió más que otra cosa y en varias ocasiones me vi envuelta en un mar de dudas, como, por ejemplo, cuando se acercó el momento de decidir qué carrera universitaria estudiar.

Lo que descubrí es que aquello que te llena y te da calorcito por dentro no necesariamente tiene que poder trasladarse a una profesión, o, al menos, no de forma directa. Y que muchas veces, cuando te dejas llevar por lo que sientes y lo que te pide el cuerpo, se presentan escenarios inimaginables. Y ojo, que una vez que inicias la apertura, ese camino te lleva a otro, y después a otro, y así hasta que, a lo mejor, en un momento determinado, las piezas se unen y terminas dando forma a una profesión alineada con tu pasión.

Claire, una vez más, fue la responsable de todo esto. Y cualquier persona podría pensar: ¿cómo va a tener un perro un impacto tan grande en tu vida? Pues sí, hoy en día puedo afirmar con contundencia que le debo todo a ella. Por eso, cuando la gente comenta alegremente que «solo es un perro», creo que definitivamente no saben de lo que están hablando ni han podido experimentarlo en primera persona.

Como te decía, mi incursión en las redes sociales se debió a mi devoción por Claire junto a mi afición a la fotografía (mira, algo sí que saqué de mis estudios, aunque en ese momento todavía no lo sabía). Era una especie de diario visual donde podía ir compartiendo mis mejores momentos con ella. Desde niña siempre me habían encantado los diarios e Instagram era más guay aún porque, además de textos, podía subir fotos. Una cosa llevó a la otra y en unos meses la cuenta había crecido bastante.

Por aquel entonces yo seguía con mi trabajo, pero cada vez que llegaban los domingos te juro que se me venía el mundo encima y no podía evitar preguntarme: ¿esto es todo? ¿Toda mi vida tirando del carro para que este sea el resultado? ¿No hay nada más? Hasta el punto de que muchas veces, no una ni dos, muchas, era llegar el domingo y me ponía enferma. Para que luego cuestionen el poder de la mente. ¿Te acuerdas cuando hablábamos de la somatización? Cuando mi ser no quería hacer algo o estar en cierta situación, mi cuerpo hablaba.

Los días en la oficina eran monótonos y se me hacían eternos, todo el tiempo lo mismo. Lo único que me motivaba era contar las horas que me quedaban para volver a casa y estar de nuevo con Claire, ese truco que había descubierto en YouTube que me moría de ganas por enseñarle o ese próximo viaje que se me había ocurrido hacer. Así, la rutina era algo más llevadera.

Pero algo dentro de mí se resistía a pensar que esto era todo. Crecer. Ir al colegio. Estudiar. Ir a extraescolares. Ir a la universidad. Estudiar más. Encontrar un trabajo. Trabajar. Ahorrar (lo que se podía). Trabajar de nuevo. Dormir. Vuelta a empezar.

Vaya chasco..., ¿cómo le iba a decir a mi Alba niña, que creía firmemente que era un hada del bosque, que esto era la vida?

Cuando estaba con Claire, a veces podía conectar con esa niña y dejarme llevar por la ingenuidad de mi perrita. La verdad es que prefería mil veces más pasarme una tarde entera con ella en el parque jugando y explorando que hacer cualquier otro plan con un ser humano. Porque, total, bastante tenía yo ya con lo mío, con mi sombra y mis preocupaciones. Y la experiencia ya me había demostrado que los seres humanos no me habían hecho sentir nada ni parecido a lo que sentía cuando estaba con ella. Ahí empecé a entender muchos de los conceptos del *mindfulness*: ser, sin juzgar, sin dejarte llevar por los pensamientos, ser presencia, en este momento, sin pasado ni futuro.

Ojalá pudiera tener ese poder mágico que tiene Claire, creo que por eso me transmite tanta paz estar con ella, porque, de algún modo, yo desearía poder vivir así de despreocupada y simplemente ser.

Pasaron los meses y, cuando me quise dar cuenta, ya llevaba varios años compartiendo contenido en redes sociales. La comunidad de amantes de los perros seguía creciendo y ya no me sentía un bicho raro. Si tú también formas parte, enhorabuena, estás dentro del club de los que hemos descubierto una pequeña parte de la esencia de la vida.

Y, como ya sabes que nada ocurre porque sí, el tiempo me fue dando la oportunidad de trabajar con diferentes marcas. Por entonces no tenía ni idea de lo que vendría. Sin duda, poder compartir parte de mi vida con Claire era increíblemente gratificante, pero que además se acabase convirtiendo en una fuente de ingresos era algo que no vi venir.

Por entonces, ya había dejado mi trabajo, ese que me enfermaba los domingos. Pero antes de tomar esa decisión tuve que tocar fondo. Una vez más. Ya había pasado poco más de un año desde la muerte de mi abuela y, aunque había salido del paso como buenamente había podido, sabía que no terminaba de estar bien al cien por cien.

¿Sabes una de las cosas que paradójicamente más daño me hacía? Ver la familia idílica que tenía mi pareja. Que seguramente no fuera tan perfecta como parecía, pero para mí lo era. Y aunque es evidente que me alegraba muchísimo por él, una vez más, como me ocurría de niña, no podía evitar que aquello me removiera y me recordara que yo no lo había tenido. Y sí, sé que ese tipo de pensamientos no lleva a nada, pero era un sentimiento que a veces aparecía en oleadas, sin previo aviso.

Todavía no estaba lo suficientemente fuerte para que la gratitud superara mis momentos de tristeza. Porque en realidad no era tristeza, era anhelo, ¿y sabes qué es lo malo del anhelo? Que, aunque te mantiene la chispa, también te decepciona y hace que vuelva la tristeza.

Creo que una parte de mí quería creer que la llegada de Claire lo curaría todo, y en parte fue así, pero yo tenía que seguir haciendo mi trabajo personal, ese que era exclusivamente mío.

¿Sabes cuando tienes esa sensación tan fuerte dentro de ti que te dice que hay algo mejor esperándote? De esa forma me sentía yo, lo que pasa que no sabía ni qué era ni cuándo llegaría.

Ejercicio de reflexión

Te invito a que visualices tu mejor versión. ¿Cómo eres?, ¿qué te gusta hacer?, ¿qué tipo de amigos tienes?, ¿a qué te dedicas?, ¿cómo es tu casa?, ¿qué alimentación llevas? Cuantos más detalles, mejor. Y si puedes, escríbelo en un papel hablando en presente. Luego guárdalo en algún sitio que tengas muy a mano y, cada noche, antes de acostarte, léelo. Dentro de un año revisa qué ha ocurrido. Y si algún día nos vemos, me encantará que me lo cuentes si tú quieres.

Volviendo de nuevo al trabajo que me enfermaba los domingos, tengo que decirte que el problema no era el trabajo en sí: en realidad la que estaba mal era yo. No había encontrado mi sitio y, como mi vida hasta ese momento había sido muy jodida, necesitaba sentir estabilidad, un hogar de verdad, tierra firme y un trabajo que fuera capaz de moverme desde lo más profundo con tanta intensidad que pudiera revivir a un muerto, porque encontrar ilusión entre tanta tristeza no era sencillo. Por eso no se trababa de ese trabajo, sino de todo lo que yo arrastraba. De todo esto me di cuenta después.

Seguramente en algún momento de tu vida hayas pasado por alguna situación complicada que te ha hecho pensar que el problema estaba fuera, cuando lo que en realidad sucede es que está dentro, y una misma tiene la capacidad de mirar de una manera o de otra aquello que se presenta. Decirlo es fácil, hacerlo es otra cosa.

Como siempre había sido bastante solitaria y aplicada, pensé que comenzar una carrera como freelance podría ser una buena opción para, por un lado, gestionar mi propio tiempo y no sentirme atada a un horario ni a una oficina (ya sabes que odio la sensación de pérdida de libertad), y por otro, para poder trabajar con proyectos que realmente me motivasen.

Así estuve unos tres años. Mientras, en paralelo, seguía compartiendo contenido en redes sociales. Llegó un momento en el que compatibilizar ambas cosas resultaba insostenible salvo que quisiera llegar a tal punto de saturación que volviese a enfermar de nuevo. Y ese no era el objetivo. Si te das cuenta, podía enfermar por desmotivación y hastío, pero también por sobreestimación. La clave, como en casi todo, está en el punto medio.

Reconozco que el momento de decidir centrarme única y exclusivamente en mis propias redes sociales fue un salto al vacío que me daba bastante miedo porque esto cambia a una velocidad vertiginosa y de un mes a otro es difícil saber si podrás seguir haciendo frente al alquiler. Aun así, decidí intentarlo porque soy de las que no puede quedarse con la duda. Por suerte, salió bien. Por eso te decía que todo se lo debo a Claire. Gracias a ella encontré una nueva manera de ganarme la vida mientras podía seguir cuidándola, disfrutándola y compartiendo lo que más feliz me hacía del mundo.

Si no hubiera tenido esa obsesión con los perros desde niña.

Si no se hubiera muerto mi madre y eso no hubiera despertado con más fuerza mi deseo de tener un perro.

Si no hubiese seguido con esa idea año tras año.

Si no lo hubiese visualizado.

Si no hubiera fallecido mi abuela.

Si no me hubiese sentido tan sola.

Si no hubiera tenido esa enorme necesidad de expresar mi amor.

Si no me hubiese tenido que mudar y empezar de cero.

Si no hubiese tenido una pareja que apoyase mi locura perruna.

No habría llegado Claire.

Pero llegó.

Y lo cambió todo.

Ahora todo tiene sentido.

A pesar de los altibajos que todavía estaban por llegar, pero que, gracias a Claire, fui capaz de hacer frente. Enfrentarme a la soledad.

9

La soledad

Siempre me he sentido muy sola. Diferente. La soledad no siempre aparece como de manera repentina. En mi caso, fue más como un susurro constante, un eco que nunca dejó de resonar desde aquel día de febrero de 1995 en el que mi madre se despidió de este mundo. La soledad no era una visita ocasional; se convirtió en una compañera que se asentó, silenciosa pero persistente, en cada rincón de mi vida.

Durante mucho tiempo, no supe identificarla con claridad. Al principio, creía que lo que sentía era tristeza, esa emoción desgarradora que te atraviesa cuando pierdes algo irremplazable. Pero, con los años, comprendí que lo que realmente me acompañaba no era solo el dolor de la pérdida, sino una sensación mucho más compleja: una desconexión del mundo que me rodeaba, como si estuviera destinada a caminar siempre sin rumbo, observando sin participar.

Recuerdo noches enteras mirando el techo de mi habitación, preguntándome por qué me sentía tan separada de todo. Las paredes parecían crecer a mi alrededor, como si quisieran protegerme de algo que no alcanzaba a entender. Escribir y dibujar eran algunos de los consuelos que encontraba. Poder sacar todo lo que tenía dentro me hacía sentir menos sola, como si el universo, en su inmensidad, también pudiera percibir mi aislamiento.

La soledad tiene la peculiaridad de ser tanto un enemigo como un refugio. Había días en los que me aferraba a ella, rechazando cualquier intento de acercamiento por parte de los demás. Prefería el silencio, la quietud, porque enfrentarse al mundo requería una energía que no tenía. Pero también estaban esos momentos en los que la soledad se volvía insoportable, en los que deseaba con todas mis fuerzas encontrar algo que llenara ese vacío que llevaba dentro.

Cuando Claire llegó a mi vida, no entendí de inmediato el impacto que tendría. Al principio, era simplemente un cachorro adorable, con ojos curiosos y patas demasiado grandes para su cuerpo, que llenaba la casa de risas y pequeños desastres. Pero, con el tiempo, Claire comenzó a ocupar cada vez más y más espacio. No era solo un perro; **era mi compañera, mi conexión con algo que trascendía lo físico**, para mí, lo más parecido a un alma gemela, algo que había estado buscando toda la vida sin saberlo.

Hubo un día en particular que marcó el inicio de nuestra conexión más profunda. Había tenido una semana especialmente difícil. El trabajo, las responsabilidades, echar de menos las charlas con mi abuela..., todo parecía acumularse, y mi sensación de aislamiento era más fuerte que nunca. Claire, que siempre estaba atenta a mis emociones, se acercó a mí de una manera diferente. No era su habitual entusiasmo juguetón; esta vez, se sentó frente a mí y me miró con una intensidad que me desarmó. Sus ojos parecían decir: «Estoy aquí. No necesitas decir nada, pero estoy contigo». Y sirvió.

Ese momento fue un punto de inflexión. Por primera vez, sentí que alguien entendía mi soledad sin juzgarla, sin intentar arreglarla. Claire no trataba de distraerme ni de llenar mi tristeza con palabras vacías. Simplemente estaba presente, compartiendo el espacio conmigo, aceptándome tal como era en ese instante.

La soledad no desapareció de inmediato, pero comenzó a transformarse.

Con Claire, aprendí que estar sola no siempre tenía que ser algo negativo. En nuestras largas caminatas juntas, mientras ella exploraba cada rincón con su inagotable curiosidad, empecé a darme cuenta de que había belleza en la soledad, que podía ser un espacio para reflexionar, para conectar conmigo misma de una manera que nunca antes había alcanzado.

Hay algo en los perros que es profundamente terapéutico. No se trata solo de su lealtad o de su amor incondicional. Es su capacidad para estar presentes, para vivir en el momento sin preocuparse por el pasado o el futuro. Claire me enseñó eso de una manera que ninguna otra experiencia había logrado. En sus ojos, vi un reflejo de lo que podía ser la vida si dejaba de luchar contra mi soledad y empezaba a aceptarla como parte de mí.

Una noche, mientras me acurrucaba en el sofá con Claire dormida a mi lado, me di cuenta de algo que cambió por completo mi perspectiva. No podía eliminar la soledad, pero tampoco tenía que ser un peso que cargara sola. Claire no me había «salvado» de la soledad en el sentido convencional. En cambio, me había mostrado que podía coexistir con ella, que podía encontrar momentos de alegría, de paz, incluso en medio del vacío.

Ejercicio de reflexión

Imagina que la soledad no es un vacío, sino un espacio lleno de posibilidades. ¿Qué podrías aprender de ti mismo si aceptaras ese espacio en lugar de resistirlo? ¿Qué ideas, talentos o emociones podrías encontrar ahí?

Los perros tienen un poder transformador que es difícil de describir con palabras. Con Claire, cada día era una oportunidad para descubrir algo nuevo, no solo sobre ella, sino también sobre mí misma. Ella no solo llenaba los espacios vacíos en mi vida; los transformaba en algo diferente, algo que tenía sentido.

En esos días, empecé a encontrar pequeños rituales que me ayudaban a reconectar conmigo misma y con el mundo. Las caminatas matutinas se convirtieron en un momento de meditación, en el que podía escuchar mis pensamientos sin juzgarlos. Los juegos con Claire en el parque eran una forma de liberar el estrés, de recordarme que, incluso en los momentos más oscuros, todavía había lugar para la risa y la alegría.

La soledad seguía siendo parte de mi vida, pero ya no era mi única compañera. Con Claire a mi lado, descubrí que no tenía que enfrentarla sola. Ella me enseñó que, aunque no siempre podemos elegir las circunstancias de nuestra vida, sí podemos elegir cómo respondemos a ellas. Y en ese proceso, aprendí algo que nunca olvidaré: la verdadera conexión no requiere palabras ni grandes gestos. **A veces, todo lo que necesitamos es alguien que esté dispuesto a compartir el silencio con nosotros.**

En mis días más oscuros, la presencia de Claire era mi única ancla, el único testimonio viviente de que, en medio de todo, había algo constante, algo que me sostenía.

A veces, mientras Claire se acurrucaba a mi lado, sentía que ella sabía cosas sobre mí que yo misma había olvidado. Quizá era la forma en que me miraba, con esa profundidad que parecía contener las respuestas a preguntas que nunca me atreví a hacer. Como si pudiera ver a través de las capas que había construido con el tiempo. Me hacía pensar en quién había sido antes de que el vacío se instalara en mi vida. Antes de las máscaras, antes del dragón, antes de la soledad.

Recuerdo, por ejemplo, cómo de niña encontraba consuelo en los pequeños momentos de conexión: el sonido del viento mientras jugaba en la terraza, la calidez de las manos de mi abuela al sostenerme cuando tenía miedo. Y, sin embargo, incluso en aquellos años, había algo que parecía escaparse de mi alcance. Era como si la sensación de pérdida hubiese estado siempre conmigo, una sombra que encontraba la forma de hacerse presente.

Algo así como una semilla que se plantó el día en que mi madre murió y que, con el tiempo, echó raíces profundas. No fue un cambio inmediato, sino un proceso sutil, casi imperceptible, en el que las emociones que antes eran vívidas comenzaron a volverse borrosas, hasta el punto de que me sentí incapaz de distinguir entre la tristeza y el vacío.

Claire no me ofrecía respuestas, pero sí preguntas. Preguntas que me hacían volver al origen de todo, a la primera vez que sentí que el suelo bajo mis pies ya no era firme. Y así, como si me guiara en un viaje introspectivo, me hizo ver los momentos en los que había intentado llenar ese vacío con cosas que no podían sostenerme: logros, autoexigencia, expectativas externas, incluso relaciones que no estaban diseñadas para perdurar.

Hay un momento que se repite con Claire, uno que ahora entiendo mejor que nunca. Cuando estoy perdida en mis pensamientos, ella simplemente se acerca y apoya su cabeza en mi regazo. Es un gesto tan simple y, sin embargo, lo cambia todo. En esos momentos, siento que la conexión con ella no tiene palabras porque no las necesita. Es un recordatorio de lo esencial, de que no estoy sola, aunque a menudo lo sienta.

Uno de los recuerdos que surgieron mientras Claire descansaba junto a mí fue de una tarde, años después de la muerte de mamá. Estaba en mi habitación, rodeada de libros y cuadernos, intentando demostrarme a mí misma que podía ser lo suficientemente buena, lo suficientemente fuerte. Estaba obsesionada con las notas, con destacar, con tener algo que llenara ese vacío. Mi habitación era mi refugio, un lugar que no necesitaba compartir con nadie, donde las reglas del mundo exterior no tenían cabida. Pero, como ya sabes, incluso allí, la sensación de no pertenecer, de no ser suficiente, me seguía.

En uno de esos días de echar la vista atrás, recuerdo que rompí a llorar. No era un llanto silencioso, sino uno que me sacudía por dentro. Claire, que era solo una cachorra en ese momento, se acercó. Me miró con esa intensidad que solo los perros tienen y, sin dudarlo, se subió a la cama conmigo. Apoyó su cabeza en mi pecho, y yo, sin pensar, le hablé.

—Claire, no sé qué estoy haciendo. No sé por qué duele tanto —le dije entre sollozos.

Por supuesto, ella no respondió, pero sus ojos me dijeron todo lo que necesitaba saber en ese momento: que estaba allí, que no tenía que hacerlo sola. Esa fue la primera vez que entendí lo que significaba realmente el amor incondicional, lo que significaba ser vista en mi totalidad, con todas mis partes rotas y mis sombras.

Ese instante con Claire dejó una huella que fue mucho más profunda de lo que comprendí en ese momento. No fue solo su presencia lo que me alivió, sino la manera en que me mostró algo que había olvidado: que, incluso en los días más oscuros, existe una conexión que puede trascender el dolor. Claire no tenía las respuestas, pero tampoco las necesitaba. **Ella me ofreció algo más valioso: una certeza.** Una certeza de que no estaba sola, de que alguien veía mi sufrimiento y lo sostenía conmigo, sin huir, sin juzgarlo.

Aquella noche, al recostarse a mi lado, Claire hizo algo más que estar allí. Su respiración rítmica contra mi pecho, su quietud, su calor..., todo ello me ancló al presente de una forma que no había experimentado antes. Me obligó, sin palabras, a quedarme en ese momento, a no buscar salidas ni soluciones rápidas. A, simplemente, existir. Fue como si, por primera vez, alguien me diera permiso para no ser fuerte, para no tener todas las respuestas.

Claire no intentaba cambiarme, ni calmarme, ni distraerme de mi dolor. Simplemente lo compartía conmigo.

Ese acto silencioso tenía un peso inmenso. No era una simple compañía; era un recordatorio de que el vacío, por profundo que sea, no tiene que ser un abismo que se cruza solo. Claire, en su infinita sencillez, me mostró que no siempre necesitamos palabras o soluciones para sanar. A veces, solo necesitamos que alguien nos acompañe en el espacio entre el dolor y la esperanza.

Cuando Claire llegó a mi vida, no solo llenó el vacío emocional que me acompañaba desde hacía tanto tiempo; también se convirtió, sin que yo lo esperara, en una especie de puente hacia el mundo. Por primera vez en mucho tiempo, sentí que las barreras que me había impuesto para protegerme empezaban a desmoronarse, y lo más curioso es que no fue un esfuerzo consciente. Fue algo natural, como respirar, y todo comenzó con los paseos al parque.

Salir con Claire se convirtió en un ritual diario que no tardó en adquirir un significado más profundo. Al principio, esas caminatas eran simplemente una manera de calmar su energía y cumplir con sus necesidades. Pero lo que comenzó como una obligación pronto se transformó en algo más. Claire no era solo una perra bonita, era magnética. Sus orejotas enormes, su mirada vivaz y su movimiento de plumero atraían miradas y sonrisas allá donde íbamos. Era inevitable que la gente quisiera acercarse a saludarla. Y con cada «¿puedo acariciarla?» que escuchaba, se abría una pequeña ventana a algo que había evitado durante tanto tiempo: la interacción humana.

En el parque, Claire era la protagonista. Los niños corrían

hacia ella con los ojos llenos de emoción, y ella se detenía con una paciencia inusual, permitiendo que las pequeñas manos acariciaran su suave pelaje. Los adultos, especialmente los amantes de los perros, solían detenerse para comentar lo bonita que era o para preguntar por su nombre. Yo, que siempre había sido buena escudándome tras una coraza de formalidad, me encontraba respondiendo con una sonrisa genuina, algo que al principio me sorprendía a mí misma. Claire era una iniciadora de conversaciones nata, y yo, que llevaba años sintiéndome invisible, me encontraba en medio de interacciones que no me resultaban forzadas ni incómodas.

Recuerdo una tarde en particular, cuando nos cruzamos con una mujer mayor que estaba sentada en un banco del parque. Claire, siempre curiosa y sociable, tiró de la correa y se acercó a la señora, que llevaba un bolso lleno de pan para las palomas. Al principio me disculpé, pensando que quizá Claire estaba siendo una molestia, pero la mujer levantó la vista y sonrió ampliamente.

—Qué bonita es. ¿Cómo se llama? —preguntó, mientras Claire se sentaba con una elegancia impecable frente a ella, como si entendiera que estaba siendo admirada.

—Se llama Claire —respondí, y durante los siguientes veinte minutos hablamos de todo un poco: de perros, de la soledad, de los días que parecían más largos de lo que deberían. Cuando nos despedimos, la mujer me agradeció la conversación, pero lo cierto es que era yo la que tenía que darle las gracias. Fue un recordatorio de que el contacto humano, por pequeño que fuera, podía traer algo de luz.

Con el tiempo, esos momentos dejaron de ser excepcionales y se convirtieron en una constante. Claire me llevó a conocer a otros dueños de perros, y en ese microcosmos de parques y paseos, encontré algo que hacía mucho que no experimentaba: una sensación de pertenencia. **Había algo sencillo y honesto en las conversaciones que nacían allí, mientras nuestros perros correteaban y jugaban.** No importaban las diferencias de edad, ocupación o contexto; todos compartíamos algo en común: el amor por nuestros peludos.

Uno de los encuentros que más recuerdo fue con una pareja joven que también llevaba a su perro al parque. Su golden retriever y Claire se entendieron al instante, desde el primer momento corriendo juntas como si fueran amigas de toda la vida. Entre risas y anécdotas sobre las travesuras de nuestras perritas, la pareja y yo formamos un vínculo que trascendió el parque. Empezamos a quedar para paseos más largos y, con el tiempo, esas caminatas se transformaron en cenas compartidas y en conversaciones que me hicieron sentir menos sola.

Claire me enseñó algo que nunca habría aprendido de otra manera: el poder de los vínculos casuales, los que nacen sin pretensiones ni expectativas. Cada interacción, por pequeña que fuera, era un recordatorio de que no estaba tan desconectada del mundo como había creído. Incluso los desconocidos que se detenían un momento para acariciarla me daban algo que no sabía que necesitaba: la validación de que mi existencia, aunque fuera a través de ella, tenía un lugar en el tejido de la vida cotidiana.

Había algo profundamente transformador en esos paseos. Me di cuenta de que, mientras Claire exploraba el mundo con un entusiasmo inagotable, yo también estaba empezando a hacerlo. No era solo ella quien encontraba alegría en los aromas del aire o en el crujir de las hojas bajo sus patas; yo también estaba aprendiendo a estar presente, a saborear los pequeños momentos que antes pasaban desapercibidos. Claire no solo me estaba ayudando a salir al mundo; me estaba enseñando a vivir en él de una manera que no creía posible.

Las tardes se tornaban en noches, y los paseos terminaban en el refugio de mi habitación, donde los pensamientos a menudo pesaban más que la tranquilidad recién encontrada. Una noche en particular, mientras el mundo dormía y la casa estaba en completo silencio, sentí una necesidad inexplicable de compartir algo, aunque no supiera bien qué. Me senté en la alfombra de mi habitación.

Claire, siempre alerta a mis movimientos, dejó su cama y se acercó, con sus patas resonando suavemente contra el suelo de madera. Se sentó frente a mí, ladeando la cabeza como si estuviera preguntándome qué sucedía.

—No sé si puedes entenderme, Claire —le dije en un susurro, sintiéndome un poco tonta al principio—, pero creo que eres la única que realmente está aquí conmigo.

Ella me miró fijamente, con esos ojos oscuros que parecían no solo escuchar, sino absorber cada palabra. Ladeó la cabeza de nuevo y dejó escapar un pequeño sonido, algo entre un suspiro y un gemido.

—¿Crees que mamá estaría orgullosa de mí? —pregunté, casi temiendo la respuesta. Claire no respondió, por supuesto, pero se acercó un poco más, apoyando su cabeza en mis piernas. Su calor fue suficiente para hacerme sentir que la respuesta era sí.

Me reí, un poco por la ternura del momento y un poco porque la imagen de hablarle a un perro como si fuera mi terapeuta tenía algo de absurdo. Pero no me importaba. Claire no juzgaba, no interrumpía, no intentaba arreglarme. Solo estaba allí, en el espacio que yo necesitaba llenar.

—A veces creo que no voy a poder, ¿sabes? Es como si estuviera cargando algo demasiado grande para mí sola. —Pasé los dedos por su suave pelaje, sintiendo cómo su respiración se acompasaba con la mía. Ella cerró los ojos, tranquila, como si mi confesión no fuera algo extraño, como si entender lo que decía fuera lo más natural del mundo.

Claire levantó la cabeza y me miró con intensidad. En ese momento, no necesitaba palabras. Era como si me dijera: aquí estoy, contigo, siempre contigo. Su cola se movió ligeramente, un gesto casi imperceptible, pero suficiente para recordarme que en su mundo no había espacio para el abandono.

—¿Sabes qué, Claire? Creo que tienes más sentido común que mucha gente que conozco... —Sonreí mientras ella se acomodaba a mi lado, sus patas cruzadas como si estuviera haciendo un pacto silencioso conmigo. Y no es una exageración. Hay estudios que afirman que los perros tienen una inteligencia comparable a la de un niño de dos años basándose en la cantidad de palabras que pueden llegar a comprender, entre 150 y 250 palabras en el caso de algunas razas como el border collie.

El resto de la noche pasó en calma. No había respuestas concretas, no había soluciones mágicas, pero sí había algo que no había sentido en mucho tiempo: compañía. Claire me había demostrado, una vez más, que no necesitaba «arreglarme», que todo en mí estaba bien. Su presencia era suficiente, y, esa noche, también lo fue para mí.

10

El mundo a través de ti

Viajar por ocio nunca fue algo que pudiera darme el lujo de considerar seriamente. Durante muchos años, mi vida estuvo regida por una agenda estricta de objetivos académicos y profesionales. Siempre había algo más urgente que hacer, algo más importante que planear, y los sueños de explorar el mundo quedaban relegados a un rincón del «algún día». Pero, cuando Claire llegó a mi vida, todo cambió.

Era imposible ignorar la energía y el entusiasmo que ella ponía en cada momento. Desde los paseos por el parque hasta las pequeñas excursiones que hacíamos al campo, su curiosidad parecía no tener límites. Era como si me estuviera diciendo: el mundo está aquí, esperando a que lo descubras. ¿A qué esperas?

Al principio, esos pequeños paseos bastaban. Claire

exploraba cada rincón, olía cada flor, perseguía las hojas que el viento arrastraba como si fueran los mayores tesoros. Yo la observaba y sentía que algo dentro de mí empezaba a despertar. Había algo mágico en cómo ella vivía el presente, en cómo cada momento parecía una aventura. Por primera vez en mucho tiempo, me di cuenta de que la vida no estaba hecha para ser vivida en una rutina monótona. Había un mundo ahí fuera, y yo quería verlo.

El primer viaje que planeé con Claire fue una escapada sencilla, casi improvisada. Elegí una casa rural a poca distancia, más como un experimento que como una verdadera aventura. Quería ver cómo sería viajar con ella, cómo se sentiría al salir de nuestra zona de confort juntas. Lo que no esperaba era cuánto me cambiaría esa experiencia.

Recuerdo con claridad el momento en que llegamos. Era un día soleado de primavera, y el aire tenía ese aroma fresco y vibrante que te hace sentir vivo. La casa rural era encantadora, con un amplio jardín rodeado de árboles y una pequeña fuente que gorgoteaba suavemente. Claire estaba extasiada. Corrió por el jardín como si hubiera encontrado el paraíso. Yo la seguía, riendo como no lo había hecho en años, y me di cuenta de algo importante: no era solo Claire quien necesitaba esa escapada; yo también la necesitaba.

Mientras la veía correr libremente entre los árboles, pensé en mi madre. Ella pocas veces tuvo la oportunidad de viajar a menudo, y mucho menos de ver el mundo más allá de nuestras fronteras. Durante años, había sentido una especie de vacío, una carga que no podía identificar del todo.

En ese momento, con Claire como mi compañera, comprendí algo: quería vivir por las dos. Quería enseñarle a Claire el mundo, pero también quería honrar a mi madre al hacerlo.

Esa idea se quedó conmigo, como una llama que no dejaba de arder. Cada vez que veía a Claire disfrutar de un nuevo lugar, sentía que, de alguna manera, estaba llevando conmigo a mi madre. No era una carga; era una misión, una forma de darle significado a todo lo que ella se había perdido. A veces, mientras caminábamos juntas, sentía que mi madre también estaba allí, presente de alguna manera en cada paisaje que contemplábamos, en cada momento de quietud que compartíamos. Así, enseguida me di cuenta de algo: viajar con Claire era una manera de vivir por ambas, por mí y por mi madre, cuyo amor por la vida había quedado truncado demasiado pronto. Cada experiencia compartida con Claire era una especie de homenaje, un recordatorio de que la vida debía ser vivida plenamente, sin reservas.

Tras ese primer viaje, me di cuenta de que no podía parar. Claire había despertado en mí un deseo que ya no podía ignorar. Comencé a planificar con más frecuencia, buscando destinos que nos acomodaran a las dos. Fue un desafío al principio, pero también una aventura en sí misma. Encontrar alojamientos que aceptaran perros, investigar actividades en las que Claire pudiera participar e incluso descubrir restaurantes donde ambas fuéramos bienvenidas se convirtió en parte del ritual de viajar.

Uno de los momentos que más recuerdo de esas primeras escapadas ocurrió en un pequeño pueblo costero. Habíamos alquilado una habitación en una casa que estaba justo frente al mar. Claire nunca había ido a la playa y su reacción al llegar fue inolvidable.

Al principio, dudó. Sus patas pequeñas se hundían ligeramente en la arena, y olisqueaba el aire salado con curiosidad. Pero luego, como si algo dentro de ella despertara, comenzó a correr hacia las olas, ladrando con entusiasmo. El agua fría la hizo retroceder al principio, pero no tardó en regresar, desafiándola una y otra vez. Yo la observaba desde la orilla, sintiendo su energía y alegría contagiosas.

En un momento dado, me quité los zapatos y caminé hacia ella. El agua estaba helada, pero no me importó. Claire me miró como diciendo: ¿te atreves? Y juntas, nos adentramos un poco más, dejando que las olas nos alcanzaran. Fue una experiencia tan simple, pero tan profunda. Por primera vez en mucho tiempo, sentí que el peso de la tristeza y la soledad que había llevado durante años se aligeraba, aunque solo fuera por unos instantes.

Estos pequeños viajes locales pronto se convirtieron en algo más ambicioso. Ciudades como Sevilla, Valencia y Barcelona se transformaron en nuestros nuevos escenarios. Claire se adaptaba a cada lugar como si siempre hubiese estado allí. En Sevilla, paseamos por las callejuelas del barrio de Triana, donde los vecinos se detenían para admirarla y preguntarme por su nombre. En Valencia, paseamos por la playa de la Malvarrosa, donde Claire corría por la arena mojada con una alegría desbordante, como si estuviera en su elemento natural.

Viajar con Claire tenía algo especial, algo que no había experimentado antes. Ella no solo era mi compañera de viaje; era la llave que abría puertas a nuevas vivencias y conexiones.

En Barcelona, tuvimos una experiencia que nunca olvidaré. Habíamos ido a una cafetería que permitía perros y, mientras tomaba un café, una mujer mayor se acercó para acariciar a Claire. Comenzamos a hablar, y pronto descubrí que ella también había tenido un perro que había sido su compañero durante muchos años. Su historia me conmovió profundamente, y, mientras hablábamos, me di cuenta de que Claire no solo estaba transformando mi vida, sino también la de otras personas. Claire generaba al instante una sensación de familiaridad y de calma que hacía que las personas desconocidas que se acercaban a nosotras acabasen contándonos anécdotas de su vida y de cómo sus perros habían sido el motor en los momentos más complicados. Podía notar que era muy liberador para ellos y que Claire, una vez más, escuchaba atentamente mientras se dejaba acariciar.

Esas primeras escapadas fueron solo el comienzo. Con el tiempo, nuestros viajes se expandieron más allá de las fronteras de España. Portugal y Francia fueron algunos de los primeros destinos internacionales que exploramos juntas. Cada lugar tenía su propio encanto, pero lo que realmente los hacía especiales era compartirlos con Claire.

En Oporto, caminamos por las calles adoquinadas, mientras Claire recibía caricias y elogios de los locales. En París, paseamos por los jardines de Champ-de-Mars, a los pies de la Torre Eiffel, donde Claire, con su elegancia innata, parecía encajar perfectamente con el ambiente romántico de la ciudad.

Había un momento que se repetía en cada viaje y que siempre guardo en mi memoria. Claire y yo, sentadas en algún lugar tranquilo al final del día, observando el atardecer juntas. Ella, con su respiración tranquila, recostada junto a mí, y yo, agradecida por haber encontrado una compañera que no solo compartía esos momentos conmigo, sino que los hacía más significativos y llenaba de sentido mi vida.

Ejercicio de reflexión

A veces, el mundo parece más pequeño de lo que realmente es. Nos encerramos en nuestra rutina, en nuestras preocupaciones y nos cuesta expandir la mirada. Sin embargo, hay quienes llegan a nuestra vida para mostrarnos que siempre hay algo nuevo por descubrir, una perspectiva que no habíamos considerado, una manera diferente de vivir y de sentir.

Piensa en alguien o algo que haya cambiado tu forma de ver la vida. Puede ser una persona, un animal, una experiencia o incluso un lugar. Pregúntate:

— ¿Qué limitaciones te impiden hacer aquello que realmente te gustaría?
— ¿Qué te ha enseñado esa persona o esa experiencia sobre ti mismo?
— ¿Cómo podrías empezar a mirar el mundo con más curiosidad y menos prisas?
— ¿Qué momento de tu vida reciente te ha hecho sentir vivo, aunque fuera algo simple?

— Si pudieras volver a ver la vida con ojos nuevos, ¿cómo sería esa versión de ti?

Te invito a escribir una pequeña lista de experiencias o momentos que te hayan hecho sentir conectado con tu esencia y con aquello que realmente deseabas, con la sensación de que estabas exactamente donde tenías que estar. Y si sientes que hace tiempo que no vives algo así, quizá es hora de empezar a cambiar la forma de mirar.

Viajar con Claire no era solo moverse de un lugar a otro; era un constante descubrimiento de quiénes éramos juntas. Desde que empecé a planear escapadas con ella, algo en mi vida cambió de manera definitiva. Cada destino se convertía en una nueva oportunidad para explorar el mundo a través de sus ojos, llenos de curiosidad y entusiasmo. Pero, más allá de los paisajes, lo que realmente me sorprendía era cómo Claire conseguía ser el vínculo entre mi vida cotidiana y una conexión más profunda con las personas, los lugares y, sobre todo, conmigo misma.

Uno de los primeros viajes que hicimos juntas fue a Valencia. Aunque ya conocía la ciudad de visitas anteriores, esta vez fue completamente diferente. Claire y yo recorrimos el Jardín del Turia, una vasta extensión verde que atraviesa la ciudad como una arteria viva. Mientras paseábamos por los caminos arbolados, Claire corría libre, persiguiendo hojas secas que el viento arrastraba y deteniéndose de vez en cuando para saludar a otros perros. Era fascinante verla interactuar con otros seres vivos, como si tuviera un lenguaje universal que trascendía las palabras.

En uno de esos momentos, un grupo de niños se acercó para acariciarla. Uno de ellos, un niño con gafas grandes y cabello revuelto, le preguntó su nombre. Cuando le respondí, me miró con una seriedad que me sorprendió y dijo: «Es un nombre bonito, como de princesa». Me hizo reír su ocurrencia, pero también me emocionó, porque tenía razón. Claire, con su elegancia natural, llevaba consigo una dignidad que parecía encajar con ese título.

En Valencia también descubrimos lo complicado y a la vez gratificante que puede ser encontrar espacios *pet-friendly*. Recuerdo pasar horas buscando un restaurante que permitiera a Claire acompañarme, y, cuando finalmente encontré uno, me sentí aliviada y agradecida. Ese primer almuerzo juntas en el barrio del Carmen fue una experiencia sencilla pero inolvidable. Claire se sentó tranquilamente a mi lado, observando a los camareros, mientras yo disfrutaba de una comida deliciosa. Al mirarla, con su tranquilidad y su atención puesta en el mundo, sentí que realmente vivíamos el momento, algo que yo había olvidado cómo hacer.

Con cada viaje, Claire y yo nos convertíamos en un equipo más sincronizado. Ella parecía entender que nuestras aventuras no eran solo paseos al aire libre; eran experiencias compartidas que fortalecían nuestro vínculo.

En cada ciudad, encontraba algo que la fascinaba. En Sevilla, uno de los momentos más entrañables ocurrió en la plaza de España. Claire quedó fascinada con el canal de agua que rodea la plaza y, como era de esperar, su entusiasmo fue inmediato. Tiraba de la correa con todas sus fuerzas, intentando acercarse al borde del agua, mientras sus patas delanteras hacían pequeños movimientos, como si quisiera lanzarse a nadar. Sus intentos provocaron sonrisas entre los paseantes, y más de una persona se detuvo a observarla, comentando con humor su evidente fascinación. Cada vez que lograba asomarse un poco más, olfateaba el agua y ladeaba la cabeza, completamente absorta. Fue imposible no reírse de su insistencia y de su energía desbordante, que transformaban cualquier rincón de la ciudad en una nueva aventura compartida.

En Asturias, la experiencia del descenso del río Sella en canoa fue, sin duda, una de las aventuras más memorables con Claire. Desde el momento en que nos subimos a la canoa, Claire estaba llena de curiosidad, moviéndose con cautela al principio, mientras sus patas tanteaban la embarcación inestable. Sin embargo, en cuanto la corriente empezó a llevarnos, su emoción se desbordó. Con sus orejas al viento y la nariz en el aire, parecía absorber cada aroma que el río le ofrecía. En un punto del recorrido, al acercarnos a una zona donde el agua estaba más tranquila, Claire decidió que observar no era suficiente y, sin previo aviso, saltó al río. Entre risas, logramos ayudarla a volver a la canoa, mientras ella sacudía su pelaje, salpicándonos con cada movimiento. Fue una experiencia que encapsuló perfectamente su espíritu aventurero y su capacidad para convertir cualquier actividad en algo especial.

Cada pequeño gesto suyo me hacía valorar aún más la simplicidad de las cosas y cómo los perros tienen la capacidad de encontrar belleza donde los humanos a menudo la pasamos por alto.

En nuestros viajes, también me di cuenta de cómo **Claire transformaba la manera en que otros me percibían.** Como os vengo contando, siempre he sido una persona introvertida, y, en situaciones sociales, a menudo me cuesta conectar con extraños. Prefiero el tú a tú y las distancias cortas. Pero Claire era lo opuesto: abierta, curiosa y amigable. Donde yo veía barreras, ella veía oportunidades. Fue ella quien, en cierto modo, me enseñó a abrirme más a las personas, a encontrar puntos en común incluso con desconocidos.

Recuerdo una tarde en Oporto. Nos habíamos sentado en un parque junto al río Duero, disfrutando del sol, que comenzaba a ponerse. Una pareja de ancianos que paseaba a su perro se acercó a nosotros. Sus rostros se iluminaron al ver a Claire, y pronto estábamos inmersos en una conversación sobre nuestros perros. Me hablaron de su perro, un labrador llamado Gaspar, y de cómo los había acompañado durante más de una década en sus propias aventuras. Fue una charla simple, pero profundamente humana. Me fui de aquel encuentro sintiéndome más conectada con el mundo, como si Claire me hubiera recordado que la vida se trata de esos pequeños momentos compartidos.

Nuestra cuenta de Instagram, donde comparto nuestras vivencias desde hace años, también se convirtió en una extensión de esta conexión. Al principio, pensé que sería simplemente un lugar para documentar nuestros viajes y tener un álbum digital de recuerdos. Pero, como te contaba antes, la cuenta cobró vida propia. Personas de todas partes empezaron a seguirnos, a comentar cómo nuestras fotos y relatos les inspiraban a viajar con sus propios perros o a encontrar en sus vidas la alegría que yo encontraba con Claire. Nunca imaginé que algo tan cotidiano como nuestros paseos y escapadas pudiera tener un impacto en los demás, pero Claire tenía esa magia: transformaba lo ordinario en algo extraordinario.

En cada viaje, Claire me enseñaba algo nuevo. A veces era sobre los lugares que visitábamos; otras veces, sobre mí misma. Con ella, aprendí a apreciar los momentos de pausa, a dejar de preocuparme tanto por el itinerario y a simplemente disfrutar del camino.

Ella era mi recordatorio constante de que la vida no se trata solo de llegar a destinos, sino de todo lo que sucede en el trayecto.

Al mirar hacia atrás, me doy cuenta de que cada viaje, cada experiencia compartida, no era solo una exploración del mundo exterior, sino también un viaje hacia lo más profundo de nuestra conexión. Claire no era solo mi compañera de aventuras; también era mi constante, mi ancla, el corazón que latía junto al mío, recordándome que cada paso que daba, ya fuera sobre un camino montañoso o una calle empedrada, tenía sentido porque ella estaba allí conmigo.

Uno de los momentos más emotivos ocurrió durante un amanecer en la montaña, en una casa rural donde habíamos pasado la noche tras una caminata agotadora. La noche había sido fría, pero Claire, como siempre, había encontrado su lugar acurrucada junto a mí, compartiendo su calor como si supiera exactamente lo que necesitaba. Al amanecer, salimos juntas, y lo que vimos nos dejó sin palabras. Las montañas estaban bañadas de una luz dorada, y una niebla ligera cubría los valles, creando un espectáculo que parecía sacado de un sueño. Claire se sentó junto a mí, inmóvil, observando con la misma fascinación que yo. En ese momento, entendí que ella no solo estaba viendo el paisaje, sino también compartiendo mi asombro. Fue una lección silenciosa pero poderosa: la belleza del mundo es aún más significativa cuando tienes con quién compartirla.

Estos momentos, aunque sencillos, fueron los que reforzaron un vínculo que iba más allá de lo cotidiano. **Claire no era solo un perro; era mi confidente, mi cómplice, el reflejo más puro de la alegría y la conexión.** Cada vez que la miraba, sentía que ella entendía cosas que muchos humanos no podían comprender. Su forma de estar presente, sin prisas ni juicios, me enseñó a apreciar el instante de una manera que antes no consideraba posible. En un mundo que a menudo te empuja a planificar el futuro o lamentar el pasado, Claire era mi recordatorio constante de que el ahora era suficiente.

El impacto de Claire no se limitó a los viajes ni a los lugares que visitamos. Ella transformó la manera en que veía el mundo y mi lugar en él. Antes de Claire, mi vida había estado marcada por la necesidad de demostrar, de alcanzar, de cumplir expectativas que muchas veces no eran las mías. Con ella, aprendí a soltar, a disfrutar del proceso, a entender que no todo debe tener un propósito concreto para ser valioso. Claire me mostró que el simple hecho de existir, de estar, podía ser suficiente.

En los momentos de quietud, cuando estábamos en casa después de un largo día de aventuras, reflexionaba sobre cómo había cambiado mi percepción del tiempo y las relaciones. Claire vivía cada momento como si fuera único, sin preocuparse por lo que viniera después. Su capacidad de estar presente me hizo replantearme muchas cosas sobre la vida. ¿Por qué siempre estamos tan enfocados en lo que sigue, en lugar de disfrutar lo que ya está frente a nosotros? Con Claire, aprendí a detenerme, a mirar a mi alrededor, a apreciar las pequeñas cosas que antes pasaban desapercibidas.

Uno de los aspectos más especiales de nuestro vínculo era cómo Claire lograba tender puentes entre mis diferentes mundos. Ella estaba igual de cómoda explorando un parque urbano que recorriendo senderos montañosos, y, en cada lugar, atraía a personas hacia nosotros. Era como si tuviera el don de unir a las personas, de crear momentos significativos donde antes solo había silencio.

No todas nuestras aventuras juntas fueron geográficas. Algunas de las más importantes ocurrieron en el territorio más incierto de todos: el emocional. En medio de tantos viajes, de tantos paisajes nuevos y momentos compartidos, llegó un periodo difícil que, sin Claire, no estoy segura de cómo habría superado. Fue cuando mi relación con la pareja que tenía en aquel entonces terminó, un momento que me dejó desorientada y vulnerable, y que marcó el inicio de una nueva etapa en la que, una vez más, nos vimos viviendo solas las dos.

La ruptura no llegó de manera inesperada, pero eso no la hizo menos dolorosa. Habíamos construido una vida juntos que, aunque imperfecta, había sido mi refugio durante años. Cuando todo terminó, me encontré frente a una realidad que no había previsto: un apartamento vacío, noches demasiado largas y un futuro que de repente parecía incierto. Claire, como siempre, estaba allí, ajena a las palabras dichas y a las emociones desbordadas, pero completamente presente.

Recuerdo la primera noche después de que él se fuera. Me senté en el sofá, en silencio. Claire, perceptiva como siempre, se acercó y se sentó a mis pies. No ladró ni intentó jugar. Simplemente apoyó su cabeza en mis piernas, como había hecho tantas veces antes. Fue un gesto sencillo, pero en ese momento significó todo. Era su manera de recordarme que ella estaba ahí, siempre, no dependía de promesas ni condiciones.

En los días siguientes, Claire se convirtió, una vez más, en mi mayor apoyo. No me permitió quedarme en el sofá demasiado tiempo, no por falta de compasión, sino porque sabía que el mundo no esperaba. Sus paseos diarios me obligaron a salir, a moverme, a respirar. Y, aunque al principio todo parecía un esfuerzo, poco a poco, esos momentos al aire libre se convirtieron en una especie de terapia. Era como si cada paso que daba con Claire fuera un pequeño avance hacia la reconstrucción de mi vida.

Hubo un día, en particular, que marcó un cambio importante. Había evitado durante semanas el parque al que solíamos ir los tres juntos, pero Claire, con su energía inagotable, me convenció de que era hora de volver. Mientras caminábamos por el sendero, sentí una mezcla de nostalgia y alivio. Aunque los recuerdos estaban ahí, también lo estaba algo nuevo: una sensación de esperanza. Claire corría delante de mí, saludando a otros perros y explorando con su habitual entusiasmo. Viéndola tan llena de vida, me di cuenta de algo: aunque mi mundo había cambiado, todavía tenía un punto de apoyo, un motivo para seguir adelante.

Aquella tarde, al regresar a casa, me sentí más ligera. Claire, como siempre, se acurrucó a mi lado, y, mientras acariciaba su suave pelaje, entendí que ella no solo estaba ayudándome a sanar; me estaba mostrando que podía encontrar alegría incluso en medio del dolor. Su presencia era un recordatorio constante de que la vida seguía, de que aún había belleza por descubrir.

Esa etapa de nuestras vidas reforzó nuestro vínculo de una manera que no había imaginado. Claire no era solo mi compañera de viaje; era mi compañera de vida, mi constante en un mundo que a menudo se sentía caótico e impredecible. Cada día que pasaba, me daba cuenta de cuánto me estaba enseñando sobre la resiliencia, la gratitud y la capacidad de encontrar luz incluso en los momentos más oscuros.

Y así, poco a poco, con Claire como mi guía, empecé a construir una nueva versión de mí misma. Una versión más fuerte, más abierta, más dispuesta a abrazar lo desconocido. Ella no solo me ayudó a superar una ruptura; me mostró cómo encontrar un nuevo comienzo.

Pero sus enseñanzas no acaban ahí, para mí, lo más importante que me ha mostrado Claire es su capacidad para amar incondicionalmente. Ella nunca ha necesitado que fuera perfecta, ni que tuviera todas las respuestas. Su amor no dependía de logros ni de apariencias; simplemente estaba ahí, constante y verdadero. Ese amor me ha dado el valor para ser más auténtica, para aceptarme tal como soy, con todas mis imperfecciones.

Claire no solo ha cambiado mi vida; me ha cambiado a mí. Me ha enseñado a abrirme al mundo, a confiar, a amar sin miedo. Su presencia ha sido un recordatorio constante de que, aunque la vida puede ser dura y solitaria, también puede ser hermosa y llena de significado.

Mientras escribo estas palabras, Claire está a mi lado, dormida, con su respiración tranquila marcando el ritmo de mi propia calma. Pienso en todos los caminos que hemos recorrido juntas, en todos los momentos que hemos compartido, y siento una gratitud infinita. **Claire siempre será mi guía, mi maestra, mi amiga, mi familia. Es parte de todo lo que soy ahora.**

11

Un sueño compartido

¿Recuerdas lo que te conté sobre los problemas de salud de Claire? Lidiar con sus enfermedades siempre fue una montaña rusa de emociones. Desde el primer día, sus problemas de piel y digestivos eran una constante, por no hablar del episodio de las úlceras en los ojos. Mis semanas transcurrían entre veterinarios, productos, pruebas y errores, mientras intentaba descifrar qué era lo que su cuerpo necesitaba realmente. Quizá, como yo entonces, alguna vez te hayas sentido impotente al cuidar de alguien a quien amas profundamente. Si es así, vas a entender a la perfección nuestro proceso.

Claire llegó a mi vida como un rayo de luz, pero no sin desafíos. Desde los primeros días, su piel mostró signos de descamación, pequeñas heridas y dermatitis que parecían surgir de la nada. Las visitas al veterinario se convirtieron en parte de nuestra rutina, y, aunque intentábamos mantenerlo bajo control, siempre parecía haber algo más por hacer. **¿Has tenido alguna vez esa sensación de que, por mucho que te esfuerces, no es suficiente?** Era un peso que llevaba conmigo a todas partes.

Nuestros baños semanales se convirtieron en una especie de ritual. En ese espacio reducido del baño, mientras la enjabonaba con extremo cuidado para evitar irritarle aún más la piel, aprendí una de las lecciones más importantes de mi vida: cuidar no es solo resolver un problema; es estar presente, dar lo mejor de ti, incluso cuando parece que el esfuerzo no devuelve frutos inmediatos.

Recuerdo una noche en particular. Estábamos al final de un día largo, y yo me sentía completamente agotada, tanto física como emocionalmente. Claire había tenido un episodio especialmente fuerte esa semana e incluso había perdido gran parte del pelo. Mientras la secaba con la toalla, con su pelaje húmedo y sus ojos tranquilos mirándome, me vino una idea que no pude quitarme de la cabeza: ¿no existiría algún producto mejor? ¿De verdad tenía que resignarme a champús a base de químicos y medicación? Aquello no era más que poner un parche, no estaba equilibrando su organismo.

Quiero hacerte una pregunta: ¿alguna vez has sentido que las soluciones disponibles simplemente no son suficientes? Como si todo estuviera diseñado para cumplir un estándar general, pero no para adaptarse a casos únicos y especiales. Ese era exactamente mi sentimiento. Cada vez que leía las etiquetas de los productos que usábamos, me encontraba con ingredientes químicos que iban en contra de mi filosofía de vida natural y promesas que, al final, no se cumplían. Era frustrante, pero para mí se convirtió en una llamada a la acción.

Como os contaré más adelante, a medida que pasaron los meses, Claire comenzó a mejorar, aunque el camino estuvo lleno de altibajos. Si has pasado por algo similar, sabrás que la incertidumbre puede ser tan agotadora como el problema en sí. Pero esos momentos también se convirtieron en una fuente de aprendizaje. Cada pequeño paso hacia delante me mostraba que, aunque no siempre tuviera todos los avances y soluciones que me gustaría, mi compromiso con Claire era lo que realmente marcaba la diferencia. Y esa certeza me llevó a pensar más allá de lo inmediato.

Fue en esa etapa cuando empecé a darme cuenta de algo que ahora parece obvio: las soluciones que buscaba para Claire no existían porque nadie las había creado aún, o al menos, en España no encontraba esos productos que yo tenía en mente. Y si nadie lo había hecho, ¿por qué no intentarlo yo? Era una idea muy arriesgada, lo admito, pero también emocionante. Cada baño, cada tratamiento, cada noche en la que me sentaba a su lado eran como si ella me estuviera guiando hacia algo más grande, algo que no entendía del todo, pero que sabía que debía perseguir.

Ejercicio de reflexión

En este punto, quiero invitarte a hacer una pausa. Piensa en una vez en la que sentiste que algo debía cambiar, no solo para ti, sino para alguien que amas. Quizá fue un momento pequeño, como el que viví con Claire en el baño aquella noche, o quizá fue una decisión más grande que transformó tu vida por completo. ¿Qué hiciste con esa sensación? ¿La ignoraste, o te permitiste seguirla? Si estás leyendo esto, quiero que sepas que esas sensaciones tienen un propósito. A veces, son el inicio de algo extraordinario.

Mi inicio no fue espectacular. No hubo un momento de iluminación inmediata ni un plan perfectamente estructurado. Solo estaba yo, con Claire a mi lado, y una intuición persistente de que podía y debía hacer algo más. Esa chispa fue suficiente para empezar.

Las semanas se convirtieron en meses, y cada paso que daba en el cuidado de Claire reforzaba mi compromiso con esa idea. Comencé a investigar ingredientes naturales, a hablar con expertos en dermatología animal y a leer estudios sobre aceites esenciales e incluso a formarme con varios especialistas del tema. Lo hacía inicialmente para ayudar a Claire, pero pronto me di cuenta de que lo que aprendía tenía el potencial de ayudar a muchos más perros. Ella seguía siendo mi brújula, mi razón y mi guía.

Y, mientras navegábamos juntas por esos meses llenos de desafíos, me di cuenta de algo que me conmovió profundamente: Claire no solo me estaba enseñando a cuidar de ella; me estaba mostrando cómo podía cuidar de otros. Ella, con su paciencia infinita y su amor incondicional, era la esencia misma de lo que quería transmitir con esta idea que empezaba a tomar forma en mi mente.

Cuando miro atrás, veo que esos meses no fueron solo un tiempo de aprendizaje práctico, sino un periodo de transformación interna. Lo que comenzó como una búsqueda desesperada por resolver un problema se convirtió en un sueño compartido entre Claire y yo. Ella no sabía que, con cada mirada suya, me estaba impulsando hacia algo que cambiaría nuestras vidas para siempre y nos daría un propósito.

Dar vida a una idea es como plantar una semilla: empiezas con una visión, pero no puedes prever exactamente cómo crecerá. Ese fue el camino que emprendí con The Doog Life. Al principio, la idea era clara pero pequeña: crear productos naturales para el cuidado de la piel de los perros. **¿Cómo se pasó de una necesidad personal a un sueño que podía transformar vidas?** Esa es la historia que quiero contarte ahora.

El proceso comenzó con un simple objetivo: encontrar fórmulas que fueran realmente efectivas y seguras para Claire, naturales y con activos ecológicos. Después de meses de investigación me di cuenta de que necesitaba más ayuda. Fue entonces cuando contacté con el laboratorio que más tarde se convertiría en nuestro principal colaborador. La primera reunión con ellas fue un momento clave. Recuerdo entrar a esa videollamada con un cuaderno lleno de notas y una mezcla de nervios y entusiasmo. ¿Qué pasaría si no entendían mi visión? ¿Y si pensaban que era una idea demasiado simple?

Pero ocurrió lo contrario. Ellas también eran amantes de los perros y, desde el primer momento, el equipo del laboratorio no solo escuchó mis ideas, sino que las amplificó. Me explicaron los procesos técnicos, los ingredientes posibles y los estándares que tendríamos que cumplir. Fue abrumador y emocionante al mismo tiempo. Cada conversación con ellas era una mezcla de ciencia y pasión, y, poco a poco, mis notas desordenadas comenzaron a adquirir forma.

Una de las primeras decisiones que tomamos fue centrarnos en la pureza y la sostenibilidad de los productos. Claire fue nuestra guía en todo momento. Cada ingrediente que elegíamos debía cumplir con dos requisitos: ser lo suficientemente suave para su piel sensible y respetar el medio ambiente. Esa decisión no fue fácil, ya que implicaba un proceso más largo y costoso, pero sabía que era la única manera de ser fiel a mi visión.

Pasaron semanas de pruebas y ajustes antes de que finalmente tuviéramos las primeras muestras. Recuerdo perfectamente el día en que llegaron. Abrí la caja con la misma emoción con la que un niño abre un regalo de Navidad. Dentro había pequeños frascos etiquetados con nombres técnicos que aún no asociábamos con una marca, pero para mí eran mucho más que eso: eran el primer paso tangible hacia un sueño.

Quiero compartir contigo algo que me sorprendió en este proceso. Crear un producto no es solo mezclar ingredientes y esperar que funcionen. Hay una cantidad abrumadora de detalles: las proporciones exactas, el pH ideal, la consistencia, el aroma… Cada elemento cuenta, y cada decisión puede marcar la diferencia. En una de nuestras primeras pruebas, una fórmula parecía perfecta en el papel, pero, al aplicarla en Claire, noté que su piel no la toleraba tan bien como esperábamos. Fue un recordatorio de que nuestro estándar debía ser más alto que cualquier norma. Si no era perfecto para Claire, no lo sería para nadie.

Ese nivel de compromiso nos llevó a hacer cambios constantes. Durante meses, nuestras conversaciones giraron en torno a pequeñas modificaciones: un poco más de aloe vera aquí, un cambio en la concentración de aceites esenciales allá.

¿Te ha pasado alguna vez que una idea inicial te lleva por caminos que nunca imaginaste? Eso fue lo que experimenté. Mi objetivo no era solo crear un producto funcional; quería algo que resonara con la conexión emocional que los dueños sienten con sus perros.

En el proceso, también aprendí mucho sobre mí misma. Me di cuenta de que era una persona muy perfeccionista, cosa que, aunque útil, a veces podía ser un obstáculo. Había días en los que sentía que nada era lo suficientemente bueno, que siempre podía mejorar algo más. En esos momentos, Claire me traía el equilibrio. Su presencia me recordaba por qué estaba haciendo esto, y su entusiasmo por la vida me devolvía la perspectiva.

¿Sabes? Este proyecto también me mostró algo que nunca había considerado antes: la importancia de la comunidad. Mientras trabajábamos en las fórmulas, comencé a compartir muestras del proceso en redes sociales. Al principio, solo quería documentar nuestro progreso y conectar con otras personas que también amaran a sus perros. Pero pronto me di cuenta de que había algo más profundo. La gente no solo comentaba nuestras publicaciones, también compartía sus propias historias, sus desafíos y sus sueños. Esa conexión me mostró que no estaba sola en este camino. Había una comunidad de personas que también querían lo mejor para sus perros y que estaban dispuestas a apoyarnos.

Una noche, mientras leía los mensajes de nuestra comunidad, me encontré con uno que me conmovió profundamente. Era de una mujer que había perdido recientemente a su perro después de años de luchar contra problemas de salud similares a los de Claire. Me decía que, aunque ya no tenía a su compañero, se sentía inspirada por nuestra historia y quería apoyar nuestra marca porque representaba algo que a ella le habría gustado tener en su momento. Ese mensaje me hizo llorar. Me recordó que este proyecto no era solo mío; era de todos los que compartían ese amor incondicional por sus mascotas.

Con cada paso que dábamos, la idea de The Doog Life se volvía más clara. Decidimos que nuestra primera línea de productos estaría enfocada en el baño y la higiene, ya que era donde había empezado nuestra historia con Claire. Pero, incluso con algo aparentemente tan simple como un champú, queríamos ir más allá. Nuestro objetivo no era solo limpiar; deseábamos crear una experiencia que reflejara el cuidado y el amor que los dueños sienten por sus perros.

Mientras desarrollábamos los productos, también comenzamos a trabajar en la identidad de la marca. Fue un proceso fascinante, pero lleno de decisiones difíciles. ¿Cómo capturar todo lo que Claire representaba en un nombre, un logotipo y un diseño? Sabíamos que queríamos algo que fuera auténtico y que conectara con las emociones de la gente, pero también debía ser profesional y atractivo. Después de muchas deliberaciones, llegamos a un nombre que encapsulaba nuestra filosofía: The Doog Life. Era un juego de palabras que mezclaba *dog* («perro») con *good life* («buena vida»), si lees *doog* al revés, te darás cuenta. Para nosotras representaba exactamente lo que queríamos transmitir: una vida llena de amor, cuidado y felicidad para los perros y sus familias.

Recuerdo el día en que vimos por primera vez el diseño final del logotipo. Era simple, elegante y lleno de significado. Al mirarlo, sentí una mezcla de orgullo y gratitud.

Este no era solo un proyecto; era una extensión de nuestra historia, de todo lo que Claire y yo habíamos vivido juntas.

Como en cualquier camino, no todo fue fácil. Hubo momentos en los que las dudas me asaltaban, en los que me preguntaba si realmente lograríamos marcar la diferencia. Había noches en las que me quedaba despierta, revisando presupuestos, estrategias y plazos, sintiendo que el peso del proyecto recaía completamente sobre mis hombros. En esos momentos, Claire, aunque no podía entender mis preocupaciones, siempre estaba allí, con su presencia tranquila y reconfortante, recordándome que **este proyecto no se trataba solo de negocios; era una muestra de amor**.

Y ese amor fue lo que nos llevó a superar cada obstáculo. Cada reto que enfrentábamos nos hacía más fuertes, más decididas a seguir adelante. Porque sabíamos que no estábamos haciendo esto solo por nosotras. Lo hacíamos por todos los perros que, como Claire, merecían lo mejor, y por todas las personas que, como yo, buscaban algo más para cuidar a quienes tanto amaban.

¿Sabes? Al mirar atrás, me doy cuenta de que cada paso, por pequeño o complicado que pareciera, fue parte esencial de nuestro camino. Desde las largas horas de investigación hasta las primeras pruebas de producto, todo nos llevó a este punto. The Doog Life no nació de un día para otro; fue el resultado de años de aprendizaje, amor y perseverancia. Y, aunque todavía queda mucho por hacer, cada vez que miro a Claire, sé que estamos en el camino correcto. Porque este sueño no es solo mío; es de ella, de nosotros, y de todas las familias que creen, como yo, en el poder transformador del amor hacia nuestros compañeros de vida.

Las primeras semanas tras el lanzamiento fueron una mezcla de emociones. Cada pedido que nos hacían era un pequeño triunfo, y cada comentario positivo me llenaba de energía para seguir adelante. Pero lo que realmente me marcó fueron los mensajes que empezaron a llegar. Historias de personas que, como yo, habían estado buscando soluciones para sus perros, y que ahora encontraban alivio en lo que habíamos creado.

Nunca imaginé hasta qué punto nuestra historia tocaría las vidas de otras personas. Cuando los primeros productos salieron al mercado y empezaron a llegar los primeros mensajes, no sabía qué esperar. Habíamos puesto el alma en cada fórmula, pero no podía prever cómo serían recibidas. Lo que ocurrió después superó todas mis expectativas.

Cada reseña, cada comentario eran como un pequeño destello de luz, un recordatorio de que Claire no solo había transformado mi vida, sino que ahora estaba dejando su huella en la de otros.

Uno de los primeros mensajes que leí hablaba de una perrita que llevaba años luchando contra picores y caída de pelo. Su dueña escribió emocionada:

Nuestra golden retriever siempre ha tenido muchos picores, cambiándole la alimentación le disminuían, pero seguía teniendo. Hemos probado de todo sin mucho resultado. Para nuestra sorpresa, desde el primer lavado los picores se habían reducido muchísimo. Muy

felices de ver esta mejoría. Muchísimas gracias por estos productos.

Leer esas palabras fue como un bálsamo. Sentí que todo el esfuerzo había valido la pena. Habíamos logrado no solo un producto funcional, sino una herramienta que llevaba alivio y alegría a hogares como el mío.

Otro día, mientras revisaba las redes sociales, encontré el mensaje de alguien que había probado nuestros productos para su perro con dermatitis. Decía:

Mi peluda, bichón maltés, tiene dermatitis alérgica, bañarla con este champú le alivia mucho y está ayudando a que los picores desaparezcan. Además, le deja el pelo suave y brillante.

Algunas historias tenían finales felices casi inmediatos. Como la de una teckel con alergia a los ácaros, cuya dueña compartió lo siguiente:

Mi teckel de pelo corto siempre ha tenido problemas en la piel y pelaje debido a su alergia a ácaros. Hemos probado muchos champús prescritos por el veterinario. Pero sin duda este champú, junto al suplemento de algas y comida natural, ha sido un antes y un después rotundo.

> ***Deja la piel hidratada y el pelo muy suave. Estamos muy contentos, la calidad del champú es muy buena. Gracias por hacer productos así, Alba.***

Estas palabras, junto con muchas otras, me recordaban que lo que habíamos creado era más que una línea de productos: era una red de apoyo, una comunidad unida por el amor a los animales y el deseo de darles lo mejor.

Cada reseña era un recordatorio de que nuestras historias no son tan diferentes. Compartimos el mismo amor por nuestras mascotas, la misma preocupación por su bienestar y la misma alegría cuando encontramos algo que realmente les ayuda.

Al reflexionar sobre estas experiencias, me doy cuenta de que The Doog Life es una extensión de mi relación con Claire: un testimonio vivo de lo que aprendí cuidándola y un regalo para todos aquellos que comparten ese vínculo especial con sus perros.

12

Con otros ojos

El amor transforma. Es una lección que aprendí de Claire, no en un solo momento grandioso, sino en cientos de pequeños gestos cotidianos: su mirada fija en mí al despertar, la manera en que su cuerpo se relaja junto al mío en los días más oscuros, su energía inagotable incluso cuando la vida parecía exigir más de lo que podía ofrecerle. Claire ha sido, desde el primer día, mi brújula emocional, guiándome a través de las tormentas con su calma y su infinita capacidad de adaptarse.

Sin embargo, incluso las brújulas cambian con el tiempo. Durante los últimos años, he visto cómo la energía de Claire, antes inagotable, ha comenzado a ralentizarse. Es una transición sutil, casi imperceptible, que se manifiesta en pequeños detalles: un movimiento más cuidadoso al subir las escaleras, una pausa más larga antes de correr tras su juguete favorito, una mirada que parece buscar en mí respuestas que ella antes encontraba por sí sola.

Fue durante ese periodo, mientras las primeras señales de cambio comenzaban a manifestarse en Claire, cuando algo inesperado llegó a mi vida. A veces me pregunto si acaso fue una de esas jugadas del destino, un hilo invisible que conectó momentos aparentemente aislados para llevarme justo al lugar donde debía estar.

Todo comenzó con un mensaje. Quizá te suene familiar: alguien reacciona a una publicación en redes sociales, un pequeño gesto que, en este caso, abrió la puerta a algo mucho más grande. Un chico con el que nunca había hablado me escribió tras ver una de mis historias con Claire. Era algo simple, una reacción a uno de esos momentos cotidianos que comparto sobre nuestra vida juntas.

Lo que siguió fue una conversación que fluyó de forma natural desde el primer momento. Parecía como si hubiéramos estado esperando años para tenerla. Hablábamos de todo: perros, viajes, la vida misma. Había algo en su manera de expresarse que me hacía sentir como si ya lo conociera, una conexión que me resultaba tan inesperada como cálida. Pasábamos horas escribiéndonos, y después, horas al teléfono. A pesar de los kilómetros que nos separaban —yo en Asturias y él en Barcelona—, nuestra conversación parecía no tener distancia.

Y aquí es donde Claire, una vez más, aparece como la pieza clave que une todos los momentos importantes de mi vida. Él ya seguía nuestra cuenta de Instagram desde hacía tiempo, una cuenta que nunca habría existido de no ser por ella. Además, la oportunidad de conocernos en persona llegó gracias a un viaje que hice a Barcelona para asistir a un evento de una marca de productos para perros. Claire había sido invitada como «protagonista» para mostrar las novedades en nuestra cuenta. Sin esa invitación, sin esa cuenta de Instagram, sin Claire..., ese viaje jamás habría sucedido.

¿No es curioso cómo la vida se encarga de conectar los puntos? Claire no solo me había dado un propósito; también estaba trazando un camino que ni siquiera sabía que necesitaba recorrer.

Cuando finalmente nos conocimos fue cerca del hotel donde me estaba alojando en Barcelona. Claire, como siempre, estaba conmigo. Al principio, estaba un poco nerviosa: no solo era un encuentro significativo para mí, sino también para ella. Claire siempre había sido buena leyendo a las personas, mucho mejor que yo. Era mi termómetro personal. Y, aunque había conocido a mis anteriores parejas, nunca antes la había visto reaccionar de la manera en que lo hizo ese día.

Desde el primer momento, Claire mostró una conexión inusual con él. Era como si le hubiera dado su aprobación incluso antes de que yo tuviera oportunidad de hacerlo. Se acercó a él con su típica curiosidad, pero con una calma que no solía mostrar con extraños. En cuestión de minutos, se acomodó junto a sus pies, como si estuviera diciendo: «Es buen tipo. Puedes confiar».

Recuerdo que esa tarde, mientras paseábamos los tres, sentí algo diferente. Había una facilidad en cómo todo encajaba, una sensación de que este encuentro no era casual. Claire, con su instinto infalible, me estaba mostrando, una vez más, el camino.

Con el tiempo, la conexión entre ellos creció de una manera que no deja de sorprenderme. Claire, que siempre ha sido un poco reservada con mis otras parejas, encontró en él un cómplice. Su presencia parecía darle una tranquilidad que yo no había visto antes, como si supiera que ahora éramos un equipo. Las noches en casa se llenaron de una nueva dinámica: los tres compartiendo el sofá, Claire alternando entre mirarme a mí y a él, como si estuviera observando el pequeño universo que habíamos creado juntos.

Esta relación no solo transformó mi vida, también añadió una nueva dimensión al mundo de Claire. Ella, que había sido mi compañera constante, ahora tenía a alguien más que compartía ese espacio sagrado con nosotras. Y, lejos de sentirse desplazada, parecía disfrutar de esta nueva dinámica, de la suma de amor que traía consigo.

A veces pienso en lo increíble que es cómo todo se

conecta. Cómo una serie de decisiones y casualidades pueden llevarnos justo donde necesitamos estar. Claire me había enseñado a abrir mi corazón, a confiar en el proceso, y ahora, gracias a ella, estaba viviendo una nueva vida, una vida compartida que jamás habría imaginado.

Ejercicio de reflexión

¿Alguna vez te has detenido a pensar en cómo los momentos más simples de nuestra vida pueden ser los puntos de partida de algo extraordinario? Reflexiona por un momento: ¿hay situaciones en tu vida que, vistas con perspectiva, parecen demasiado conectadas como para ser simples coincidencias? Tal vez una decisión aparentemente trivial —tomar un camino distinto, iniciar una conversación casual, abrir un perfil en redes sociales— te llevó a algo que cambió el rumbo de tu vida.

Te invito a visualizar tu propio hilo invisible, ese que une eventos, personas y decisiones. ¿Qué conexiones puedes trazar si miras hacia atrás? Piensa en cómo esos pequeños actos, que quizá pasaron desapercibidos en su momento, terminaron siendo los nodos de algo mucho más grande. ¿Qué te inspira a creer que hay algo más allá de lo que nuestros ojos pueden ver, un propósito mayor que da forma a nuestras vidas?

Cierra los ojos y toma un momento para agradecer esas conexiones. Esas coincidencias que no parecen tales. Porque, al final, vivir con «otros ojos» no significa solo aceptar lo que sucede, sino abrirse a la posibilidad de que todo, incluso lo que no entendemos, forma parte de un camino que nos lleva exactamente a donde necesitamos estar.

Pero, al igual que esos hilos invisibles que conectan momentos y personas, también hay nudos inesperados que nos obligan a detenernos, a mirar con mayor atención lo que tenemos delante. Mientras Claire seguía siendo mi brújula en tantos aspectos de la vida, empecé a notar que ella misma enfrentaba un desafío que no podía ignorar. Era como si, de alguna manera, el amor que siempre me había mostrado ahora me estuviera pidiendo algo más: acompañarla en una nueva etapa, una en la que su mirada, antes tan llena de certeza, comenzaba a buscar apoyo en la mía.

Fue en una de esas miradas donde entendí algo crucial: el tiempo nos transforma a todos, pero el amor nos da la capacidad de adaptarnos. Claire, mi compañera de vida, estaba enfrentándose a un desafío para el que yo no podía prepararme del todo: la pérdida progresiva de su visión. Al principio, pensé que era un síntoma pasajero. Los veterinarios hablaron de tratamientos, de posibles mejoras, de opciones que parecían prometer tiempo. Pero, con el paso de los meses, y seis intervenciones oculares después, quedó claro que este no era un obstáculo temporal; era una nueva realidad con la que tendríamos que aprender a vivir.

Quiero ser honesta contigo: afrontar la vulnerabilidad de Claire ha sido uno de los retos más grandes de mi vida. No porque me falten las ganas de cuidarla, sino porque me he dado cuenta de que, a veces, el amor no puede resolverlo todo. Hay días en los que ella choca con los muebles que conoce de memoria, momentos en los que su ansiedad se refleja en pequeños jadeos mientras intenta orientarse en un espacio que antes dominaba sin esfuerzo. En esos instantes, siento un nudo en el pecho, una mezcla de impotencia y tristeza que solo encuentra consuelo en la certeza de que ella sabe que estoy aquí para sostenerla.

Pero **el amor, como Claire me ha enseñado una y otra vez, también es acción**. Y fue en ese contexto cuando empecé a considerar otra posibilidad: traer a otro perro a nuestra familia. La idea me parecía casi un sacrilegio al principio, como si estuviera traicionando de algún modo nuestro vínculo especial. ¿Cómo podría compartir el espacio que habíamos construido con alguien más? ¿Sería justo para Claire? ¿Sería justo para mí?

Esas preguntas me persiguieron durante semanas. Pero, como ocurre con las decisiones más importantes de la vida, el tiempo y la reflexión comenzaron a dar forma a una idea que, lejos de ser una traición, se convirtió en una extensión natural de nuestro amor. ¿Qué pasaría si este nuevo miembro no fuera una interrupción en nuestra historia, sino una manera de enriquecerla? ¿Y si este nuevo miembro de la familia, cuidadosamente elegido para complementar a Claire, pudiera ser su apoyo en esta nueva etapa?

En mis noches de insomnio, imaginaba cómo sería nuestra vida con un nuevo integrante en nuestro hogar. Pensaba en las risas que llenaban nuestra casa cuando Claire era un cachorro, en su curiosidad insaciable, en la alegría pura de los momentos compartidos. Pero también pensaba en lo que significaría para ella tener un compañero que pudiera ser sus ojos en el mundo, una presencia que no solo la acompañara, sino que la apoyara en los momentos en los que su confianza flaqueara.

Fue entonces cuando comencé a investigar. Había tanto por considerar: el temperamento del cachorro, su compatibilidad con Claire, las necesidades específicas de ambas. Consulté con especialistas, educadores caninos y veterinarios, construyendo un plan que garantizara que esta transición fuera lo más armoniosa posible. Quería asegurarme de que este cachorro no solo encajara en nuestra familia, sino que fuera un verdadero apoyo para Claire en esta etapa de su vida.

En ese proceso, me sorprendí reflexionando sobre algo que no había considerado antes: la naturaleza cíclica del amor. El amor que siento por Claire no se divide al incluir a otro ser en nuestras vidas; se multiplica, se transforma, encuentra nuevas maneras de expresarse.

Al igual que Claire me enseñó a abrir mi corazón, este cachorro sería una oportunidad para expandir ese amor y compartirlo de nuevas formas.

Y así, después de meses de búsqueda y planificación, encontré a la perrita que se uniría a nuestra familia. Era hija de una perra de terapia, con un temperamento tranquilo y cariñoso que parecía ser exactamente lo que Claire necesitaba. Al verla por primera vez, sentí una mezcla de emoción y nerviosismo, como si estuviera tomando una decisión que cambiaría nuestras vidas para siempre. Y en cierto modo, lo estaba haciendo.

La llegada de esta cachorra, cuya energía y vitalidad contrastaban con la calma de Claire, marcó el inicio de un nuevo capítulo en nuestras vidas. Desde el primer momento, su presencia trajo una chispa de alegría que parecía iluminar incluso los días más difíciles. Pero lo más conmovedor fue ver cómo Claire respondía a ella. Aunque al principio hubo cautela, pronto comenzó a surgir una conexión entre ellas, **un entendimiento silencioso que me recordaba que, a veces, el amor no necesita palabras ni explicaciones; simplemente es.**

Quiero detenerme un momento para reflexionar contigo sobre lo que significa abrir espacio en nuestras vidas para algo nuevo. No siempre es fácil. A menudo, implica enfrentarnos a nuestras propias inseguridades, a nuestros miedos y a la resistencia natural al cambio. Pero también es una oportunidad para crecer, para descubrir nuevas facetas de nosotros mismos y para encontrar belleza en lo inesperado.

Este capítulo de nuestras vidas no trata solo sobre Claire y su nueva hermanita. Trata sobre algo más grande: sobre cómo el amor, cuando se cultiva con paciencia y cuidado, tiene la capacidad de trascender nuestras limitaciones. Trata sobre aprender a soltar nuestras expectativas y abrazar lo que la vida nos presenta, confiando en que, al final, todo forma parte de un propósito mayor.

Mientras escribo estas palabras, Claire está dormida a mi lado, su respiración tranquila marcando el ritmo de la noche. A su lado, la pequeña Briana, con su energía aún desbordante, descansa después de un día lleno de descubrimientos. Y yo, observándolas, siento una gratitud inmensa por este camino que hemos recorrido juntas y por el nuevo capítulo que acabamos de empezar.

Quizá, al igual que yo, estés enfrentando un momento de cambio en tu vida. Quizá te encuentres en esa encrucijada en la que el amor te invita a crecer, a adaptarte, a abrir tu corazón a lo desconocido. Si es así, **quiero recordarte algo que Claire me enseñó una vez: el amor no es estático.** Es un río que fluye, que encuentra nuevos caminos y que, en su movimiento constante, nos transforma de maneras que nunca imaginamos.

Claire está profundamente dormida a mi lado, su respiración rítmica y tranquila llena el espacio con una serenidad que solo ella puede transmitir. Briana, apenas un par de metros más allá, descansa con su energía aún desbordante y su espíritu joven y curioso, ofreciendo un contraste tan encantador como significativo. Esta escena cotidiana, tan simple en apariencia, encierra en su esencia toda la complejidad de nuestra historia. Este no es solo el final de un capítulo; es un momento de pausa para mirar atrás y reconocer el camino recorrido, las lecciones aprendidas, y cómo cada pequeño paso nos ha llevado exactamente a donde estamos hoy.

Mirando a Claire, no puedo evitar recordar cómo empezó todo. Su llegada fue un rayo de luz, sí, pero también una chispa que encendió en mí una transformación que no había anticipado. Desde aquellos primeros días llenos de incertidumbre y aprendizaje hasta los momentos en los que afrontamos juntas sus retos de salud, Claire siempre ha sido

una precisión que solo se aprecia cuando miramos con otros ojos. Recuerda a ese guionista entre bastidores.

En mi caso, esos hilos han tenido nombres y rostros: Claire, mi pareja, Briana, y todas las personas y momentos que han dejado una huella en nuestra vida. Todo estaba conectado, como si el universo hubiera estado planeando este encuentro mucho antes de que yo fuera consciente de su posibilidad.

Y ahora, con Briana en nuestras vidas, siento que este ciclo de amor y conexión se completa de una manera que nunca imaginé. Su llegada ha traído una nueva alegría a nuestro hogar, una energía que se siente como un recordatorio de que la vida está llena de ciclos: comienzos y finales que no son más que transiciones en esta aventura. Briana no solo está aquí para ser una compañera y apoyo para Claire, sino para mostrarme la fuerza de los nuevos comienzos, la ilusión y la esperanza.

Recuerdo la primera vez que Claire y Briana interactuaron. Fue un momento lleno de cautela y curiosidad, pero también de una conexión inmediata que solo se puede describir como mágica. Claire, que siempre había sido reservada con otros perros, mostró una apertura que me conmovió profundamente. Era como si entendiera que esta pequeña no era una intrusa, sino una aliada, una extensión de nuestra familia que venía a aportar algo que incluso yo no había podido abarcar desde mi forma humana.

Mientras las veo ahora, descansando juntas, no puedo

evitar sentir una inmensa gratitud. Por Claire, por todo lo que me ha enseñado y sigue enseñándome. Por Briana, por recordarme que siempre hay espacio para más amor. Y por mi pareja, que ha sido una constante en esta etapa, ofreciéndome apoyo y compartiendo este camino con una generosidad que solo amplifica todo lo que hemos construido juntos.

Este libro comenzó con una historia de amor: el amor por Claire, por los animales, por la vida misma. Y quiero que termine con ese mismo mensaje, pero amplificado, expandido. **El amor es el hilo conductor de todo lo que somos y hacemos.** Nos transforma, nos guía, nos reta y nos eleva. Y, aunque no siempre podemos prever cómo se manifestará, siempre podemos confiar en que está ahí, dándonos las herramientas para enfrentar cada desafío y abrazar cada nueva oportunidad.

Ejercicio de reflexión

Quiero dejarte con una última reflexión. Piensa en las conexiones en tu vida, en los momentos que han marcado un antes y un después, en las personas y experiencias que te han transformado. Quizá no todo tenga sentido ahora, pero con el tiempo, te darás cuenta de que cada experiencia tiene su lugar, y que incluso los obstáculos en el camino son un regalo.

Claire me enseñó a ver la vida con otros ojos. Y, al hacerlo, me abrió a un mundo lleno de posibilidades, un mundo en el que cada final es también un nuevo comienzo.

Mientras escribo estas últimas palabras, la noche avanza y el silencio de nuestro hogar se llena de una calma que me reconforta. Claire sigue durmiendo, y Briana, inquieta en sus sueños, parece estar soñando con aventuras que aún no hemos imaginado. Este momento de quietud me da espacio para reflexionar sobre todo lo que hemos construido juntas, sobre los caminos que la vida nos ha llevado a recorrer y las sorpresas que aún nos guarda. Mañana será otro día lleno de retos y alegrías, de momentos grandes y pequeños que seguirán tejiendo nuestra historia. Y yo, gracias a ellas, estoy lista para enfrentarlo todo con los ojos y el corazón abiertos.

Claire continúa profundamente dormida, su respiración es lenta y tranquila. Pienso en cómo ha sido mi apoyo constante, la tierra firme que siempre necesité y también mi mayor maestra. Cada etapa de su vida ha traído consigo nuevas lecciones, algunas dulces y otras cargadas de desafíos que me han hecho más fuerte, más resiliente, más capaz de comprender la naturaleza del amor. Y ahora, con Briana a su lado, siento que el círculo de amor que comenzó con Claire ha encontrado una nueva forma de expandirse.

Sin embargo, hay algo más que debo compartir contigo,

algo que hace que este momento sea aún más especial, más cargado de significado. Mientras todo esto sucedía —la conexión entre Claire y Briana, el proyecto de The Doog Life, la vida que construí con mi pareja—, algo nuevo y milagroso estaba ocurriendo en silencio, casi como un susurro del universo: una nueva vida está creciendo dentro de mí.

Sí, mientras escribo estas palabras, un pequeño ser ha decidido venir a formar parte de esta familia y crece poco a poco en mi interior. Es una verdad que aún estoy procesando, que me llena de emociones indescriptibles: gratitud, asombro, una especie de alegría tranquila que se mezcla con un respeto profundo por la responsabilidad que esto conlleva. Pienso en cómo este bebé, este pequeño que aún no ha llegado al mundo, ya forma parte de nuestra historia. De alguna manera, él o ella ya está conectado a todo lo que hemos vivido hasta ahora, como si siempre hubiera estado destinado a unirse a nosotros.

Recuerdo cuando me enteré. Fue un día común, uno de esos días en los que la rutina parece ser la protagonista. Había algo en el aire, una sensación que no sabía cómo describir. Cuando vi las dos líneas en el test, mi mundo cambió en un instante. No fue solo la emoción y asombro a partes iguales de saber que estaba embarazada; fue una oleada de imágenes futuras que se proyectaron en mi mente como una película.

Vi a Claire, más tranquila y pausada, vigilando con su mirada sabia mientras este bebé crecía. Vi a Briana, corriendo a su alrededor con esa energía juvenil que siempre me hace sonreír. Y me vi a mí misma, sosteniendo a este pequeño, agradeciendo cada segundo por la vida que me ha sido dada, por los amores que me han formado y por los lazos que seguirán uniéndonos a pesar del tiempo.

Quiero compartir contigo una reflexión que surgió de ese momento: ¿cómo es posible que el corazón, que ya siente tanto, que ya está lleno, pueda encontrar espacio para amar aún más? Es una pregunta que me he hecho muchas veces desde entonces. Y la respuesta siempre viene de la misma fuente: el amor no es algo que dividimos, sino algo que multiplicamos. Claire, Briana, mi pareja, este bebé…, cada uno de ellos ocupa un lugar único, y juntos forman un todo que me define, que me da fuerza, que me llena de propósito.

Pienso en Claire y en todo lo que ha significado para mí desde el principio. Ella fue mi culminación de ese deseo por tener un perro, la razón por la que comencé a cuestionar cómo cuidamos a nuestros compañeros de vida. Fue la guía que me llevó a crear The Doog Life, la inspiración detrás de cada decisión que tomé en ese camino. Aunque su visión se ha apagado, su sabiduría y su amor brillan con más fuerza que nunca. Claire será la primera en enseñar a este bebé lo que significa amar incondicionalmente.

El amor que conecta, que transforma, que trasciende. Pero este momento también me lleva a pensar en ti, en quien está leyendo estas palabras. En las historias que has vivido, en los hilos invisibles que han tejido tu vida. Tal vez ahora mismo estés enfrentando tus propios desafíos, tus propios momentos de cambio. Tal vez estés preguntándote si hay suficiente espacio en tu corazón para más amor, para nuevas conexiones. Si es así, quiero decirte algo que Claire me enseñó: el amor siempre encuentra espacio. Siempre.

Así como Claire me ayudó a abrir mi corazón al mundo, espero que este libro te haya inspirado a abrir el tuyo, a ver tu vida con otros ojos. Porque, al final, eso es lo que todos necesitamos: una nueva perspectiva, una manera de mirar que nos permita ver no solo lo que está frente a nosotros, sino lo que podría ser. Ese futuro que todavía no conocemos, pero que está lleno de posibilidades.

Ahora, mientras cierro este capítulo y, con él, este libro, quiero dejarte con un último pensamiento: la vida es un regalo, no por lo que nos da, sino por lo que nos enseña.

Cada conexión, cada desafío, cada momento de alegría y cada lágrima, todo forma parte de un propósito más grande que solo podemos entender cuando lo vemos con otros ojos.

13

18 de noviembre de 2024

Hoy me he despertado con lágrimas en los ojos por darme cuenta de que todo esto ha sido solo un sueño. En el capítulo anterior te contaba cómo habría sido mi vida si todo hubiera salido tal y como tanto anhelaba. Con Claire, Briana, el bebé en camino y esa idea de proyecto vital, de hogar, de familia y de sostén que tanta falta me hacía.

Dentro de mí se ha despertado un deseo muy fuerte, una esperanza de que, algún día, el universo me conceda esta oportunidad. Sin embargo, la vida tiene sus propios ritmos, que no podemos controlar por mucho que nos esforcemos. El mismo día que tenía que enviar el manuscrito de este libro, a solo unos días de la llegada de Briana a casa, me enteré de la terrible noticia de que había perdido al bebé tras casi dos meses de gestación. Su corazón había dejado de latir.

Y, aunque la pérdida, la muerte y este duelo ha vuelto una vez más a mirarme a la cara, esta vez, he podido abrazar a mi niña de siete años, con Claire a mi lado como mi apoyo incondicional, y decirle: «Ahora es diferente, ahora no estás sola. Esta vez no. Esta vez puedes llorar. Esta vez no debes cargar este peso bajo tus hombros. Ya no tienes que disimular más».

Gracias infinitas, Claire, por enseñarme lo más valioso que he aprendido nunca. Solo espero poder seguir acompañándote por mucho tiempo. En esta vida y en todas las que vengan, volveremos a encontrarnos.

Gracias a este bebé que ha estado en mi vientre dos meses por conectarme con la ilusión de que otra vida es posible y mostrarme que, una vez más, soy capaz, pero ahora no tengo que autosostenerme.

Gracias a ti por estar aquí, por leer estas palabras, por ser parte de esta historia. Ahora, cierra este libro y abre los ojos a tu propia vida, a tus propios milagros. Porque están ahí, esperando a ser descubiertos.

Agradecimientos

Escribir este libro ha sido un viaje emocional profundo, lleno de recuerdos, aprendizajes y, sobre todo, gratitud. En el proceso me he derrumbado en varias ocasiones, y eso también está bien, necesitaba dejar salir muchas emociones. Cada página ha sido un paso más en mi propia sanación y liberación. Y aunque esta historia está contada desde mi perspectiva, ya sabes que creo que todo está conectado y que las situaciones, personas y animales que se cruzan en nuestra vida tienen una razón de ser.

Primero, quiero agradecer a mi madre y a mi abuela. Aunque ya no están físicamente aquí, su amor, su fuerza y su esencia han estado presentes en cada palabra y también en cada uno de los pasos a lo largo de mi vida. Su legado ha sido mi mayor guía, y espero que, dondequiera que estén, sepan que todo esto es también por y para ellas. Ojalá mi abuela Isabel estuviera viva hoy para poder regalarle este libro, sé que nada en la vida le habría hecho sentir más orgullo. Ella era mi mayor fan, la que siempre alardeaba de nieta con sus amigos y conocidos, y yo, una vez más, solo puedo seguir aprendiendo de su humildad, su generosidad, su gran empatía y su apoyo incondicional. Ojalá ser algún día todo lo que ella era.

A Claire, que es una extensión de mí. Has sido mi luz en los momentos más oscuros, mi refugio cuando la vida se hacía cuesta arriba y mi recordatorio constante de que el amor es el motor más importante de la vida. Este libro surgió a raíz de nuestra historia y gracias a ti estoy hoy aquí. Gracias por enseñarme que siempre hay algo por lo que sonreír, por ayudarme a encontrar mi propósito y por estar a mi lado cada día.

A Edu, por caminar a mi lado con amor y paciencia, y por mostrarme que los momentos difíciles pueden unir aún más a una pareja. Gracias por entenderme incluso cuando yo misma no sé explicarme, por sostenerme en mis momentos más vulnerables y por celebrar conmigo cada pequeña victoria como si fuera tuya. Tu apoyo incondicional ha sido un pilar en este camino, y compartir la vida contigo le da aún más sentido a todo.

A mi familia, por ser parte de mi historia, con todo lo que ello implica. Aunque el camino no siempre haya sido sencillo y no siempre nos hayamos entendido, cada experiencia compartida ha formado parte del proceso que me ha llevado hasta aquí. Gracias por haber sido parte de la persona en la que me he convertido. A mis amigos, los de siempre y los que la vida ha ido trayendo en el momento justo. Gracias por escucharme, por sostenerme cuando lo he necesitado y por recordarme, con vuestra presencia, que no estoy sola.

A Briana, por llegar en el momento en que más te necesitaba, sin saberlo. Tu presencia ha traído alegría y esperanza en medio de un proceso de pérdida que aún duele demasiado. Eres un recordatorio de que la vida, incluso en su dureza, siempre encuentra una manera de sorprendernos con nuevos comienzos. Gracias por hacerme reír con todas tus ocurrencias y trastadas.

A mi editora, por creer en este libro incluso antes de que yo misma estuviera segura de poder escribirlo. Gracias por tu paciencia, por tu apoyo y por ayudarme a darle forma a esta historia con tanto respeto y cariño.

A todas las personas que, sin saberlo, han sido parte de este proceso. A quienes me han inspirado con sus propias historias, a quienes han compartido conmigo su amor por los perros y a quienes han hecho que mi camino fuera un poco más fácil con una palabra amable o un gesto sincero.

Y, por supuesto, a todos los que me habéis acompañado en redes sociales durante tantos años. Lo que comenzó como un espacio para compartir mi amor por los perros y mi vida con Claire se ha convertido en una gran familia digital. Gracias por vuestro cariño, por los mensajes llenos de apoyo, por compartir conmigo vuestras propias experiencias y por hacerme sentir que, a través de una pantalla, también se puede crear una comunidad real y sincera. Sin vosotros, este camino no habría sido el mismo, y este libro tampoco habría sido posible.

Y, por último, a ti, que estás leyendo esto. Gracias por darme la oportunidad de compartir mi historia contigo, por abrir tu corazón a estas páginas y por permitirme, de alguna manera, acompañarte en tu propio viaje. Ojalá este libro te sirva de inspiración, de compañía y de recordatorio de que siempre hay un motivo para seguir adelante, incluso cuando todo parece estar en contra.

Desde lo más profundo de mi corazón, gracias.

más que una compañera. Ella fue, y sigue siendo, mi guía, mi maestra, el reflejo de lo que significa vivir con amor, paciencia y resiliencia. Y ahora, al verla en esta nueva etapa de su vida, vulnerable pero fuerte, pienso en cómo ha cambiado la forma en que veo el mundo.

Como te he contado, Claire me enseñó que el amor verdadero no es estático; se expande, se adapta, encuentra nuevas formas de manifestarse. Pero, además de eso, Claire me enseñó que el amor no solo crece, sino que trasciende. Se extiende más allá de lo visible, de lo tangible, conectando nuestras vidas de maneras que a veces no logramos comprender hasta mucho después. La llegada de Briana a nuestra familia no es una interrupción de ese amor, sino una extensión de él, una continuación que trae consigo nuevas oportunidades para aprender, para cuidar y para abrir el corazón aún más.

Claire, con su vulnerabilidad y fortaleza, me ha enseñado a reconocer y valorar las cosas sencillas de la vida. Me ha mostrado que, aunque no siempre entendamos el porqué de las cosas, hay un propósito en cada giro inesperado, en cada puerta que se cierra y en cada nuevo comienzo.

Quiero que pienses en tu propia vida por un momento. Reflexiona sobre los encuentros, las decisiones y las circunstancias que, de alguna manera, te han traído hasta aquí. ¿Puedes hacerlo? Tal vez no se revelen con claridad al principio, pero te aseguro que están ahí, tejiendo tu historia con